AF491801

CHArq. 13:

LAS ARTES MARCIALES Y LA HISTORIA: BREVE SÍNTESIS Y NUEVOS CONCEPTOS

David Mendoza

Mendoza, David: "*CHArq 13: Las Artes Marciales y la Historia: breve síntesis y nuevos conceptos*", Historia, Ciencia y Arqueología. 140 páginas. 1ª ed. noviembre 2020.

Original investigation: David Mendoza.
Contact: luckyman76@hotmail.com
https://escritordavidmendoza.es.tl
https://luckyjitsu.es.tl

FIRST EDITION/PRIMERA EDICIÓN.

SE-6982-2008
SE-100-11
ISBN: 9798555926562
Made a deposit that marks the law 11.723

*Con todo el cariño del mundo, del Universo,
de las fuerzas que me dan las estrellas para
seguir adelante... para mi querido hermanito*
*Daniel Mendoza, un ángel que desde el
cielo vela de mi (1995-2018). In Memoriam.*

¡SIEMPRE EN MI CORAZÓN!

CHARQ: Ciencia, Historia, Arqueología.

JOSÉ DAVID MENDOZA ÁLVAREZ

2020

ÍNDICE

LAS ARTES MARCIALES Y LA HISTORIA: BREVE SÍNTESIS Y NUEVOS CONCEPTOS

MARTIAL ARTS AND HISTORY: BRIEF SYNTHESIS AND NEW CONCEPTS

J. David Mendoza Álvarez.

Doctor en Historia por la Universidad de Sevilla.

Arqueólogo, escritor, artista marcial y dibujante.

Investigador en la Escuela Técnica Superior de Arquitectura de la Universidad de Sevilla (RNM-162)

Maestro fundador de estilo: Shihan VI Dan de Luckyjitsu (FEAM-SUSKA).

https://escritordavidmendoza.es.tl

https://luckyjitsu.es.tl

Resumen:

Presentamos un breve recorrido por las Artes Marciales orientales desde nuestra Era hasta nuestros días, centrándonos en el Nijon Tai Jitsu japonés y su nuevo estilo Luckujitsu, para determinar el nivel de violencia según los factores de cada momento en concreto. Realizamos un recorrido breve de las disciplinas japonesas más relevantes elegidas por haber sido el precedente de las Artes Marciales occidentales de la actualidad gracias de la apertura de la difusión de su enseñanza en el último tercio del siglo XX, gracias a la influencia francesa que contribuyó a la expansión de los métodos de entrenamiento por toda Europa en particular.

Como novedad a los estudios históricos habituales en este tipo de conferencias y congresos, presentamos un breve recorrido de las Artes Marciales orientales desde nuestra Era hasta nuestros días, centrándonos en el método superior de defensa personal japonés o Nihon

Tai Jitsu y su evolución al nuevo estilo o Luckyjitsu fundado por el autor de esta investigación. A través del conocimiento de las formas de combates se puede conocer la intensidad de la violencia en el mundo bélico, y la filosofía de la no-violencia en las comunidades practicantes de estos milenarios métodos de combate. Se expondrá qué se conoce del Tai Jitsu tradicional y cómo originó las disciplinas que conocemos como Aikido o Judo. Por último, expondremos la expansión o apertura al mundo occidental de estos métodos de defensa a través de Francia, y por influencia geográfica llegar al resto de Europa, sobre todo a España, en el que la creencia popular de los que desconocen estos métodos afirman que estas disciplinas son consideradas violentas y discriminatoria, leyenda urbana que hay que desmentir.

Palabras clave: Historia, Artes Marciales, Violencia, Nihon Tai Jitsu.

Abstract:

We present a brief tour of the Oriental Martial Arts from our Era to the present, focusing on the Japanese Nijon Tai Jitsu and its new Luckujitsu style, to determine the level of violence according to the factors of each particular moment. We made a brief tour of the most relevant Japanese disciplines chosen for having been the precedent of the Western Martial Arts of today thanks to the opening of the dissemination of their teaching in the last third of the twentieth century, thanks to the French influence that contributed to the expansion of training methods throughout Europe in particular.

As a novelty to the usual historical studies in this type of conferences and congresses, we present a brief tour of Oriental Martial Arts from our Era to the present day focusing on the superior method of Japanese personal defense or Nihon Tai Jitsu and its evolution to the new style or Luckyjitsu founded by the author of this research. Through the knowledge of the forms of combats one can know the intensity of the violence in the warlike world, and the philosophy of non-violence in the practicing communities of these millenarian combat methods. It will expose what is known about traditional Tai Jitsu and how it originated the disciplines we know as Aikido or Judo. Finally, we will expose the expansion or opening to the western world of these methods of defense through France, and by geographic influence reach the rest of Europe, especially Spain, in which the popular belief of those who are unaware of these methods believe that These disciplines are considered violent and discriminatory, an urban legend that must be denied.

Key Words: History, Martial Arts, Violence, Nihon Tai Jitsu.

Con todo el cariño del mundo, del Universo, de las fuerzas que me dan las estrellas para seguir adelante… dedicado a mi querido hermanito Daniel Mendoza, un ángel que desde el Cielo ya vela por mí. Alumno directo mío y apoyo en todo momento con las Artes Marciales en todos los planos, teóricos y prácticos. Maestro de Maestros. *In Memoriam* (1995-2018). ¡Siempre en mi corazón!.

1.- INTRODUCCIÓN:

Con este título entre interrogantes proponemos una investigación sobre las Artes Marciales, su evolución histórica y un nuevo estilo de defensa personal denominado *Luckyjitsu*, reconocido por la Federación Española de Artes Marciales (FEAM-SUSKA) de Raúl Gutiérrez, creado por el autor de esta investigación.

Nos detendremos en contextualizar nuestro ámbito de estudio, marcar los objetivos y justificación de este estudio, dar a conocer conceptos fundamentales para entender esta lectura y exponer una selección de las Artes Marciales consideradas tradicionales más importantes, marcando su evolución por occidente, teniendo presente los aspectos psicológicos de nuestra sociedad en cuanto a recreaciones violentas y sustitución del estudio filosófico que estas Artes Marciales proponen. Sería una labor extensa enumerar y comentar todas las Artes Marciales existentes en el mundo, métodos de luchas o deportes de contacto, por lo que recalcamos que hemos recopilado solo algunas de las más importantes para esta investigación.

2.- OBJETIVOS Y JUSTIFICACIÓN:

De forma académica, las Artes Marciales no han tenido buena aceptación. Existen muchos libros tomados como literatura no académica. Recientemente se están publicando temas relacionados con algunas disciplinas marciales desde el punto de vista de la Educación Física y en menor medida de la Historia. Por ello, creemos conveniente presentar esta investigación para dar a conocer de forma más oficial las Artes Marciales como objetivo general, la violencia que supuso su práctica desde sus orígenes, aunque tomando como referencia la evolución de las mismas desde nuestra Era y la creación de nuevas Artes Marciales influenciadas por la tradición tanto de China como de Japón principalmente.

Como objetivo específico mostramos el nacimiento de un estilo nuevo de defensa personal que engloba todo tipo de lucha, con o sin armas, ataques y defensas, con una base fundamental en el Nihon Tai Jitsu actualmente. Nos referimos al Luckyjitsu como nueva disciplina, aunque teniendo en cuenta los conceptos de fundación de estilo, como es el caso, o fundación de un Arte Marcial. Un estilo nuevo es una evolución del estilo anterior y por lo tanto, puede derivar en un futuro Arte Marcial.

Pero, ¿son violentas las Artes Marciales?. La respuesta es controvertida como expondremos a lo largo de este estudio. No obstante es necesario conocer la potencia de ejecución de determinadas técnicas, que se originaron como forma de preservar la integridad física frente a conflictos bélicos registrados en la Historia. ¿Hasta dónde podemos mantener la tradición en el estudio de las Artes Marciales?. Se justifica así esta investigación para evitar caer en errores conceptuales y de aplicación con la práctica marcial.

3.- PRIMERAS CONSIDERACIONES:

Como comenzamos diciendo en esta investigación, el ámbito académico toca de lejos el mundo de las Artes Marciales y lo hace con gran desconocimiento pues las recientes modas televisivas de combates violentos han manchado la imagen de la concepción de las disciplinas marciales, tornándolas como deportes lucrativos. Aludiremos a esta forma de divulgación que ronda la manipulación de disciplinas legendarias, como por ejemplo a través del cine (Filipiak, 2010: 29) o programas televisivos en los que se muestran luchas de modas muy recientes (Menéndez, 2017: 108) pero de tradiciones antiguas, refiriéndonos a las Artes Marciales Mixtas (MMA) a las que aludiremos a lo largo de este estudio (Costa, 2000: 181; Menéndez, 2017: 109; Ferreira, Bóscolo y Franchini, 2011: 9).

Muchos académicos o no han practicado ningún Arte Marcial y hablan desde el plano teórico, o si lo han hecho, no han aprendido nada porque pretenden compararlo con esta reciente moda de de las MMA que hemos referenciado en líneas anteriores, por lo que no es raro encontrar comentarios negativos que explicaremos a lo largo del texto. Para entender un Arte Marcial no es suficiente con una práctica de las mismas en el tiempo libre que deja una sociedad capitalista, sino que se ha de entrenar con vocación, desde corta edad, con grandes valores que nunca se han de perder y un factor psicológico importante tanto en el plano de la enseñanza como en el del practicante, que permitirán aumentar la autoestima si bien los tradicionales estudios filosóficos de combate se han perdido en occidente (Hobart y Wolfe, 2008: 67-68; McCurry y Grossman, 2007: 57-58; Acevedo y Cheung, 2011: 29-32).

Pero debemos hacer un breve inciso sobre el origen y la procedencia de las Artes Marciales. El ser humano ha practicado métodos de lucha desde que comenzó a defender sus propiedades y límites fronterizos, miles de años antes de Cristo. La caza y la observación del movimiento de los animales fue fundamental para conformar un método de lucha que prácticamente nació entre Mesopotamia e India (Choza, 2013: 25). Al marcar un hilo cronológico que parte desde el siglo I de nuestra Era, debemos comentar brevemente que la evolución de estos conceptos de lucha se extendió entre los guerreros con un fuerte componente filosófico y religioso. Principalmente partieron hacia oriente y se especializaron en India, China, Corea, Vietnan, Filipinas y Japón; pero también lo hicieron hacia occidente, en Europa. África, Australia y América tendrán sus métodos de luchas peculiares pero no entraremos a comentarlos. En Europa, las culturas persas y griegas se encargaron de difundir las luchas individuales que los griegos ya convirtieron en competiciones atléticas, destacando combates cuerpo a cuerpo con una fuerte concepción religiosa y como una primera forma de lucrarse ya que los vencedores solían ser recompensados (García, 2015: 20; Choza, 2013: 26). El mundo etrusco adoptó estos componentes y comenzó a aplicarlos en ambientes funerarios aunque de forma más violenta donde las luchas se fueron estilizando como duelos personales entre las distintas clases sociales. Pero no fue hasta el apogeo de Roma cuando estas luchas y combates se convirtieron en una forma de entretenimiento, violentas y sangrientas, si bien es cierto que también comenzaron en contextos funerarios con duelos personales adoptados de los etruscos, aunque creando espacios acondicionados para ellos (teatros, anfiteatros y circos). Las luchas gladiatorias, el pancracio, el pugilato o las *venationi* se generalizaron como luchas entre combatientes y en el caso de las *venationi*, contra animales, hecho a tener en cuenta ya que la caza y la observación del movimiento de animales se convirtieron en estilos marciales en oriente. Sin extendernos en occidente, las luchas evolucionaron mediante complejas coreografías gladiatorias que no entraremos a comentar, las justas medievales o los duelos más modernos (Choza, 2013: 28-29), cayendo en desuso como disciplinas individuales hasta el siglo XX en el que fueron introducidas nueva y directamente desde oriente como métodos de luchas exóticos (Franco, 2009: 1-2; Filipiak, 2010: 22; Espartero, Villamón y González, 2011: 43).

4.- UN ACERCAMIENTO A LA HISTORIA DE LAS ARTES MARCIALES:

Será en oriente, donde las Artes Marciales se especializarán y se utilizarán en las guerras, si bien se generalizaron de forma privadas en pequeños espacios de entrenamientos para personas selectas de determinados clanes. La concepción inicial de las mismas responde a la pregunta de esta investigación, pues sí eran violentas y estaban preparadas para una defensa contundente frente a la supervivencia personal. Pero, ¿qué se entiende por Arte Marcial?, ¿cuál fue su evolución? y ¿cómo se difundieron?.

Por tanto, comentaremos en síntesis los periodos históricos más importantes de China y Japón donde se dieron contactos cordiales (Acevedo y Cheung, 2011: 29-32) que permitieron el intercambio de estos métodos de lucha, aunque no entraremos en la historia de estos países por no ser objetivo de nuestro trabajo. Tan sólo tomaremos como referencia determinados momentos para centrarnos en el prolífero siglo XX para las Artes Marciales orientales.

Podemos establecer una línea espacio temporal que iría desde Persia hacia la India (Hernáez, 2006: 25) pero evolucionando en China y transmitida a Japón principalmente. Serán China y Japón los países más importantes en la creación de estilos marciales tradicionales considerados violentos y espirituales, con un mismo fin: el máximo de eficacia con el mínimo esfuerzo (Espartero, Villamón y González, 2011: 40; Martínez, 2011: 117-118; Menéndez, 2017: 109). Estos dos países mantuvieron relaciones cordiales un tiempo, favoreciendo la transmisión de los métodos de lucha.

En China encontramos las primeras dinastías tras un periodo neolítico que llega hasta el 1100 a.C. aproximadamente (Mendoza, 2008: 23-32; 2009: 15-20). Por lo tanto, localizamos antes de nuestra Era las dinastías Zhou y Qin hasta el 206 a.C. (Acevedo y Cheung, 2011: 29-32). Hasta el año 192 de nuestra Era prevalece la dinastía Han, periodo en el que se estableció la capital en Changàn en un primer momento y se abrió la ruta de la seda. En Japón, tras el paleolítico encontramos el periodo Jomón hasta el siglo III a.C., y entre el cambio de Era aparece el periodo Yayoi hasta el siglo III d.C. (Oliva, 1991: 936-937). En occidente, la evolución cronológica fue distinta, como conocemos, por lo que no entraremos en detalles.

Hasta el 265 a.C. China conoce el periodo de los tres reinos (Wei, Shu-Han y Wu). Posteriormente le sigue la dinastía Jin (265-420) con una primera reunificación china. Corresponde prácticamente al periodo japonés Kofun (siglos III-VI d.C.), destacado por la construcción de los grandes palacios (Planellas, 1987: 11-12; Alonso, 2007: 9-12; Costa, 2000: 17-18). Tras la dinastía china Jin, la cronología es más compleja pues aparece el periodo de los dieciséis reinos entre el 420 y 440, las dinastías meridionales y septentrionales (440-581), la dinastía Sui (581-618), la dinastía Tang (618-907), la dinastía Liang en el 907, el periodo de las cinco dinastías y los diez reinos (907-960), la dinastía Song (960-1279), la dinastía Yuan (1279-1368), la dinastía Ming (1368-1661), la dinastía Qing (1661-1912) y la República China desde entonces (Cleary, 2006: 15-18). Todos estos periodos convulsos están marcados por luchas y revueltas sociales donde el uso violento de las Artes Marciales fue habitual para sobrevivir, extendiéndose a los ejércitos y estrategias de combate, y transmitiéndose desde el Dojo en tiempos de paz, incluso con otros países, como con el caso de Japón, pero nunca con occidente por el momento.

Japón será más hermético en la transmisión de los conocimientos de sus Artes Marciales y debemos esperar al siglo XX para ello. Los periodos más importantes de Japón, entre tanto, comparados con los anteriormente descritos para China, fueron los siguientes: una Edad Antigua que comprende tres periodos importantes para los comienzos de estos métodos de luchas (Franco, 2009: 23-24) como veremos, los cuales eran Asuka (siglos VI-VIII), Nara (710-794) y Heian (794-1192), destacando el clan Minamoto en este periodo que enseñó los secretos del arte de la guerra de su clan innovando técnicas y estudiando los puntos vitales del cuerpo así como el uso del sable y el tradicional Tai Jitsu, transmitiendo estos conocimientos sus descendientes que se trasladaron a la aldea Takeda en la que crearon el Takeda Ryu Aiki Budo en el siglo XII, tomando gran protagonismo esta aldea al dar grandes guerreros. Estos dos últimos periodos fueron además los más importantes para la gestación del Karate-do tradicional (Oliva, 1991: 956-957); una Edad Media japonesa que se extiende hasta comienzos del siglo XVII con numerosos periodos que, al igual que sucedía en China, estaban enmarcados por la violencia, disturbios y guerras (Sánchez, 2004: 55; Hane, 2011: 44); una Edad Moderna con el periodo Edo (1603-1867) muy significativo para nuestra investigación; y una Edad Contemporánea en el que destaca el periodo Meiji (1867-1912) y fue el apogeo de las principales Artes Marciales (Hane, 2011: 122-125) que a su vez conformarían otras nuevas a lo largo del siglo XX. La sociedad japonesa fuertemente jerarquizada, tuvo una notable influencia de China y sobre todo entre los periodos de la Edad Media japonesa y la Edad Contemporánea, donde la élite militar se conformó en Daimyos o Señores Feudales con gran poder que provocaron la instauración del Shogunato o gobierno de los Señores Militares que regían su poder de forma paralela a la del Emperador (Oliva, 1991: 974-977; Hane, 2011: 21-22). Será a partir de esta fecha, para ambos países, en los que las nuevas formas de guerras cambiarán las concepciones de luchas de honor y entrenamiento espiritual (Oliva, 1991: 994-1000), por la incorporación de nuevas máquinas bélicas. China y Japón se reinventaron desde entonces, en cuanto a las Artes Marciales se refiere, quedando relegadas a un segundo plano siendo practicadas en un Dojo con estrictas normas de uso y acceso, hasta los años setenta del siglo XX en el que abrieron las puertas de las Artes

Marciales a Europa en un primer lugar y al resto del mundo en segundo (Mendoza, 2008: 23-32; 2009: 15-20; Hane, 2011: 23-32).

5.- CONCEPTOS FUNDAMENTALES COMUNES EN LAS ARTES MARCIALES:

Debemos continuar ineludiblemente por comentar algunos tecnicismos en esta materia que suelen ser muy desconocidos para los neófitos (Mendoza, 2007: 19-20), aunque existen diccionarios especializados como el de Ory y Ory (1995) titulado "Diccionario de las Artes Marciales" y editado en Buenos Aires (Argentina), siendo una herramienta muy completa.

En primer lugar debemos conocer qué es realmente un Dojo, el cual se debe entender como el "lugar del despertar", y lo podemos considerar como un templo tradicional amplio de entrenamiento y meditación, con un estricto control y fuerte jerarquización (Rodríguez Dabauza, 1995: 269; Ríos, 1996: 30-31; Ceresa, 2000: 12; Deshimaru, 2002: 20-26; Bagnulo, 2004: 21-23; Espartero,

Villamón y González, 2011: 46). Esta concepción budista se fue modificando a finales del siglo XX para convertirse en un local de entrenamiento, cubierto por un tatami, ubicado por lo general en los gimnasios. En todo momento se debe respetar al maestro y al resto de compañeros. No se usa calzado pero sí una vestimenta particular que en la mayoría de los casos suele ser un kimono, si bien en disciplinas menos estilizadas en cuanto a su forma se puede utilizar otro tipo de vestimenta. Se comienza con un ritual de saludo y se termina de la misma forma (Mendoza, 2007: 25-27). Este saludo se puede realizar en pie y sentado de rodillas, con una determinada forma de movimientos, para terminar un breve instante de tiempo en posición inclinada o sumisa al maestro fundador de estilo meditando unos minutos. De la misma forma, la militarización de estos métodos de lucha se ha transmitido en un férreo control de los movimientos de cada practicante para colocarse en un lugar determinado del tatami dentro del Dojo y saludar por cortesía a su compañero en cada técnica que se realice. Por ello, aunque existan estilos que se practiquen solos, es decir, que no necesiten un

30

compañero para la elaboración de la técnica, como la práctica de ciertos katas o wazas sin aplicación, por lo general entrenamos con compañero siguiendo las pautas de un maestro que nos orienta desde el Dojo a conocer el camino correcto, que por definición es el conocimiento del Do (Ríos, 1996: 28), por lo que el nombre de muchas disciplinas incorporan esta palabra en su definición, citando por ejemplo el Karate-do o el Judo.

¿Quiénes son Tori y Uke en las Artes Marciales japonesas?. Por lo general, los conceptos se están perdiendo en el siglo XXI, pero de forma tradicional podemos considerar a Tori como el que recibe la acción y Uke el que la realiza (Oliva, 1991: 6), pero no debemos confundir el término Uke que significa también defensa o un movimiento defensivo. En toda ejecución de cualquier técnica o movimiento, el cuerpo debe estar concentrado, para elevar su ki o vitalidad interna (Oliva, 1991: 316-317) que a su vez se traduce en el desarrollo del kimé o energía de cada movimiento (Oliva, 1996: 536-537) y se expulsa con un grito conocido por kiai (Ríos, 1996: 32-36; Mendoza, 2008: 49-51), que no se realiza con las cuerdas vocales sino que proviene del vientre bajo y se pretende liberar la energía con la que se inicia el movimiento o la técnica en cuestión. Será este kiai un método de estudio conocido como el Kiajitsu que pretende canalizar la energía como forma de desconcertar al enemigo si se realiza previamente a la respuesta dada, o reducir al oponente potencialmente si acompaña a un golpe. No solo en la práctica de las Artes Marciales encontramos la liberación de energía mediante un grito, pues en deportes como el tenis oímos gritos que liberan la energía del deportista, por citar un ejemplo conocido.

La figura más importante es el maestro, al que se le debe respetar en todo momento. La definición de maestro es complicada según los estilos practicados, como veremos (Santos Nalda, 2000: 90-92; Mendoza, 2008: 41-42; Franco, 2009: 4-5; Espartero, Villamón y González, 2011: 47). De forma tradicional, se suele respetar al maestro fundador de estilo cuya fotografía suele estar colocada en un altar para aquellos Dojos muy tradicionales, o colgadas en la pared con una orientación especial ya que el lugar donde se coloca preside la sala y controla el acceso y la salida del mismo Dojo. Será el maestro quien deberá distribuir el tiempo de la práctica de cada sesión (Mendoza, 2007: 12), por lo que combinará una serie de actividades desde que se accede al Dojo como su limpieza, el calentamiento inicial, los estiramientos y los distintos tipos de ataques y defensas que si bien pueden parecer poco realistas como algunos investigadores llegan a comentar por desconocimiento de los mismos (Santos Nalda, 2002: 54-57; 2003: 25; McCurry y Crossman, 2007: 57-58; Hobart y Wolfe, 2008: 67-68; Nelson y Kokkomen, 2009: 9-11) comparándolos con entrenamientos donde se impone la fuerza física a la técnica como el boxeo o la moda de las Artes Marciales Mixtas, pretendiendo que sean entrenamientos similares a los que hacía Bruce Lee que ponen como referencia (Acevedo y Cheung, 2011: 29-32), no son ineficaces, salvo que no se practiquen correctamente. El hecho es que con un entrenamiento tradicional se pretende conocerse a sí mismo, cada potencialidad del cuerpo humano con una constitución concreta, trabajando más la mente y el espíritu que el cuerpo aunque sin olvidarlo. Por ello, la relación entre las Artes Mariales y el mundo espiritual es una tradición china y japonesa (Jerimiah, 2007: 47-48) que puede parecer *light* frente a la rudeza de otros entrenamientos que se tornan más lúdicos. Cuando se entrena una forma de golpeo, estilizando la posición, no se pretende que en una pelea real se deba preparar ese practicante como lo hace en el Dojo, sino que si está bien entrenado conocerá los estímulos adecuados que le deberá realizar a su enemigo, así como conocerá su respiración, su miedo, su nerviosismo o su soberbia, y sabrá defenderse tanto de ataques armados como de sumisiones en el suelo, e incluso de varios adversarios.

De esta forma entramos en el debate de si las Artes Marciales históricas han sido violentas y nos han transmitido una versión dosificada de las mismas. Las técnicas están establecidas para infringir todo el daño corporal que se pueda gracias al conocimiento anatómico del cuerpo y sus puntos dolorosos y vitales, mediante un mínimo esfuerzo, utilizando nuestro cuerpo como un arma (Espartero, Villamon y González, 2011: 40; Martínez, 2011: 117-118; Menendez, 2017: 108-109). Por tanto, son violentas y efectivas, pero serán los elegidos quienes difundan las enseñanzas de forma correcta, orientándola más a la defensa que al ataque. El buen maestro deberá concienciar que no se busca alardear sobre su disciplina enseñada, sino humildad. No se debe tener soberbia ni subestimar a un rival de inferior constitución física. Es evidente que a mayor masa muscular, si se golpea en un punto concreto, mayor eficacia, por lo que la mente debe estar preparada para defenderse de ese impacto mediante el aprendizaje filosófico, psicológico y físico. No obstante, en las Artes Marciales históricas los guerreros entrenaban para eliminar el miedo a la muerte, realizando tareas de aislamiento, una dieta estricta que podía comprender ayunos para llevar al cuerpo al límite de la muerte, que tras la recuperación mediante la meditación se llegaba a la comprensión filosófica de los opuestos, del Yin y el Yang elemental (Simpkins y Simpkins, 2007: 48), entendiendo que sin muerte no puede haber vida y sin vida no existe la muerte (Jerimiah, 2007: 47-48).

Por lo tanto, desde el origen de las Artes Marciales vemos que la práctica espiritual filosófica y el condicionante psicológico están muy marcados, siendo hoy día entendidos desde una óptica occidental muy distinta desde sus orígenes. El cine ha dañado mucho a las Artes Marciales desde que se establecieron en occidente (López, 1994: 42-43), así como las modas de las MMA que olvida los principios tradicionales (Simpkins y Simpkins, 2007: 52), entendiéndose como un método de lucha total, según ellos pues la lucha total no es de esta forma televisiva ya que tiene reglas determinadas como evitar golpes bajos que evidentemente de forma tradicional si están permitidos en caso de salvar la integridad misma, pues existen determinadas acciones para la zona kintaki que es como se denomina a esa parte del cuerpo que presenta un punto vital no solo doloroso para el sexo masculino sino mortal. En las MMA se mezclan estilos distintos combatiendo por dinero en un ring, cuando desconocen que algunas disciplinas ya contemplaban estos métodos de lucha, como el Tai Jitsu o Ju Jitsu, desde prácticamente sus orígenes, pues se preparaba al guerrero marcial para enfrentarse a oponentes de otras disciplinas y constitución física.

Hoy día las Artes Marciales tradicionales se han reducido al límite de su existencia por falta de practicantes que las ven poco efectivas, llegando a desaparecer Dojos como en el caso de España en el que el Nihon Tai Jitsu que llegó prácticamente en los años ochenta y se extendió por casi toda la península, fue en apenas dos décadas desapareciendo progresivamente en Andalucía, quedando algunas regiones centropeninsulares donde se practica con cuenta gotas, con excepciones evidentemente, y centrándose en el norte peninsular desde donde fue introducido desde Francia, quizá por su cercanía geográfica ya que en toda la cornisa cantábrica existen asociaciones o federaciones que se han hecho cargo de los pocos Dojos que quedan por el resto de la península. De hecho, la propia Federación Española de Artes Marciales (FEAM), que reconoció el nuevo estilo del Luckyjitsu y comenzó con el apoyo de la norteamericana SUSKA, dirigiéndola el Maestro *Honoris Causa* de las Artes Marciales y

Disciplinas de Combate e Intervención Policial, Raúl Gutiérrez López (http://raulgutierrezkenpo.blogspot.com/), ha tenido numerosos problemas con la crisis, en la medida de mantener subvenciones que se han ido limitando hasta llegar a desaparecer como Federación propia e integrarse en la Federación Española de Artes Marciales y Deportes de Contacto (FEAMYDC) que abarca un mayor abanico de Artes Marciales y por lo tanto mayores subvenciones al estar reconocida por el Ministerio del Interior (http://www.deamydc.es/), aunque llegando a desaparecer el Nihon Tai Jitsu y el Luckyjitsu entre sus disciplinas principales, lo que no significa que desaparezcan como tal en el ámbito peninsular, lo que nos lleva al dilema del reconocimiento de grados de estas disciplinas que durante tanto tiempo han existido, al menos en el caso del Tai Jitsu tradicional. De hecho, el Tai Jitsu japonés ha quedado relegado a la Federación que trata disciplinas coreanas principalmente, siendo la Federación Española de Artes Marciales Coreanas y Disciplinas Asociadas (FEDAMC) la que entre las Artes Marciales que acoge se encuentra el estilo mencionado anteriormente (https://www.fedamc.es/). Lo cierto es que el conocimiento de los maestros y practicantes no desaparece y si pretenden integrarse en algunas de las disciplinas federadas, deberán abonar unos derechos determinados para renovaciones de títulos, por lo que vemos una nueva maniobra que por desgracia la mueve el dinero y ámbito lucrativo.

Continuando con la definición de maestro, ante este paréntesis, podemos añadir que en la sociedad occidental se puede hablar de maestro, profesor, instructor o educador de Artes Marciales con unos objetivos sociales, culturales y psicológicos muy amplios (Rodríguez Dabauza, 1995: 235-237; Ríos, 1996: 26; Oliva, Torres y Navarro, 2002: 650-652) con una relación entre sus alumnos de confianza, aunque lejos de alcanzar la concepción filosófica de un maestro oriental de Artes Marciales. No obstante, es meritorio el esfuerzo y la vocación que a lo largo de los años realiza el maestro occidental para poder enseñar una disciplina, si bien el buen maestro es aquél que se considera aún un alumno (Oliva, 1991: 36-37) para aprender de sus errores y se aleje de lo material o económico (Ríos, 1996: 26), pero en un sistema capitalista como el nuestro, esta concepción es difícil de encontrar aunque no imposible pues el autor de esta investigación, considerado maestro fundador de estilo o Shihan, que se podría definir como doctor según las categorías de maestros que veremos a continuación, mantiene estas consideraciones al entrenar y enseñar alumnos sin recibir prestaciones económicas y aprendiendo de sus errores para considerarse aún un alumno.

Las categorías de maestros varían según el arte practicado y la región en la que se entrene. Para ser maestro, al menos se ha debido obtener el primer Dan, o nivel de Cinturón Negro, considerado como el comienzo del aprendizaje de la disciplina (Simpkins y Simpkins, 2007: 52). A continuación expondremos de forma resumida algunas de ellas. En oriente, encontramos en el Hapkido por ejemplo, un Arte Marcial coreano, la consideración de Instructor o Jo Kyo Nim para aquél maestro que presenta un grado de primer Dan; categoría de Profesor o Kyo Sa Nim para el maestro de segundo

Dan; la denominación de Maestro o Pu Sa Bom Ni para el maestro de tercer Dan (y en esta situación encontramos la categoría de maestro por encima del profesor y del instructor); maestro Sa Bom Nim para el que posea el quinto Dan; maestro Kwam Chang Nim para aquellos que presenten un nivel de cinturón negro del quinto al noveno Dan; y maestro fundador de escuela o Ku Sa Nim para el que haya creado un estilo nuevo (Won Chul, 1977: 16-18).

Las categorías de maestro para las Artes Marciales japonesas son ligeramente diferentes, como las que podemos observar para el Nihon Tai Jitsu, Jiu Jitsu, Ju Jutsu, Karate, etc., pues de primer a cuarto Dan encontramos al profesor o Sensei; de cuarto a sexto Dan el maestro principiante o Renshi; del séptimo al octavo Dan el maestro ejemplar o Kyoshi; la maestría máxima se reserva para el noveno Dan que recibe el título Hanshi; el décimo Dan se reserva a título póstumo y se obtiene la categoría Meijin; mientras que la denominación Soke representa al dirigente de un Ryu y Kaiso el que funda un Ryu, así como Doctor o Shihan para el maestro fundador de estilo y comprende desde el sexto al noveno Dan según las consideraciones básicas sobre la obtención de danes (Rodríguez Dabauza, 2008: 163). En las Artes Marciales chinas podemos determinar brevemente la categoría de Gran Maestro que equivaldría al noveno Dan japonés, y el maestro Sifu que sería similar al título de Doctor o Shihan.

En occidente encontramos especializaciones oficiales según el grado de estudio que se haya conseguido y los danes que presente. De esta forma en primer lugar tendríamos la figura del Monitor Instructor o Técnico Deportivo Elemental, con el título de primer Dan; Profesor Entrenador Regional o Técnico Deportico de Base con segundo Dan; Maestro Entrenador Nacional o Técnico Deportivo Superior con tercer Dan; y a partir del cuarto Dan, Especialista en Artes Marciales (Hernáez, 2006: 25).

No entraremos a determinar los niveles de cinturones por los que el practicante debe pasar antes de acceder al cinturón negro primer Dan, pero encontramos una bibliografía amplia que comenta el tema. Los niveles de colores son relativamente recientes, pero la esencia histórica es prácticaménte la misma ya que la categoría de practicante en las Artes Marciales históricas orientales se determinaba por el tiempo de aprendizaje y la destreza para sobrevivir en combate. Actualmente, tras el relevo de las Artes Marciales para el combate y su entrenamiento a nivel privado en un primer momento y público posteriormente, encontramos una serie de pautas en cada entrenamiento que podemos describir de la forma siguiente.

Generalmente se suele entrenar realizando una serie de ejercicios preparatorios para evitar lesiones en el cuerpo, tales como movimiento articular (Mendoza, 2008: 34-39), carreras de diferentes estilos en lo que podemos resumir un calentamiento aeróbico que prepare al practicante para una serie de ejercicios técnicos en los que se realizarían ataques y defensas entre otros conceptos. Pero no sólo de ataques y defensas se compone una clase pues debemos seguir un temario a largo plazo con el fin de especializarnos. Por ello, pondremos el ejemplo del Nihon Tai Jitsu en el que se realizan, tras el calentamiento, las caídas principales o ukemis (Cereza, 2000: 26; Mendoza, 2007: 34; 2008: 322-327; 2014: 45); los wazas o conjunto de movimientos temáticos muy parecidos a los katas (Oliva, 1991: 61; Mendoza, 2007: 33-34; 2009: 110); los propios katas que variarán según las disciplinas que se practiquen (Rodríguez Dabauza, 1995: 80; Pflüguer, 2000: 13-15; Mendoza, 2007: 35-36; 2008: 54; 2009: 34; 2014: 55-56); las técnicas fundamentales o kihon para la defensa tales como atemis (Rodríguez Dabauza, 2008: 29; Bagnulo, 2004: 35; Hernáez, 2006: 32), proyecciones, inmovilizaciones, luxaciones y estrangulaciones; los agarres básicos de muñeca (Hernáez, 2006: 29-31); ataques armados (Mendoza, 2007: 122-123; 2008: 254-261); técnicas de combate; randori o combates preparados (Oliva, 1991: 68), siendo estos últimos entrenamientos los que hemos comentado que engloba las MMA (Rodríguez Dabauza, 1995: 58-59; Santos Nalda, 2000: 163-165; 2003: 89); estudio de los puntos vitales; los sutemis o técnicas de sacrificio personal (Ghetti, 2000: 77); estudio del tai sabaki o desplazamientos para esquivar cualquier ataque, como objeto principal del Nihon Tai Jitsu (Ceresa, 2000: 25);

44

técnicas de defensas realizadas en el suelo o Ne waza (Oliva, 1991: 46-47); manejo de armas que según las disciplinas que las utilicen pueden comprender desde las propias de la defensa policial, armas de fuego y armas blancas, hasta la especilización de las armas tradicionales como el Kenjutsu o el manjeo de katanas, el Bojutsu o manejo del palo largo, el Laijitsu o manejo del sable, entre otros; estiramientos finales para evitar lesiones (Nelson y Kokonen, 2009: 9-11; 2014: 42); y finalmente el ritual del saludo, el cual lo habremos practicado al entrar en el Dojo, entre compañeros y cada vez que el maestro explica la técnica que debemos realizar o se dirige hacia nosotros para darnos algunas indicaciones. El saludo final se realiza de las dos formas, primero en pie y segundo en la posición seiza o sentados de rodillas y sobre nuestros talones para adoptar con las manos la postura mokusem y meditar los minutos que determine el maestro para terminar saludando sumisamente al maestro que imparte la clase y al maestro fundador de estilo que por lo general, como hemos comentado anteriormente, se encuentra presente en fotografía. Tras incorporarnos, se saluda al abandonar el Dojo, con un estricto orden y siguiendo reglas básicas como las de ir descalzados, no comer ni beber en un Dojo y mucho menos mascar chicle o hablar por el móvil.

6.- SELECCIÓN DE ALGUNAS DISCIPLINAS MARCIALES HISTÓRICAS Y MODERNAS:

No tenemos espacio para comentar todas las AAMM históricas por lo que hemos elegido algunas más significativas para continuar con nuestro estudio y determinar el nivel de violencia que se puede entender en cada estilo distinto.

6.1.- EL TAI JITSU TRADICIONAL Y EL NIHON TAI JITSU ACTUAL:

El Tai Jitsu tradicional como tal, comienza en el siglo IX vinculado a la creación de la escuela Daito Ryu en Japón aunque con fuertes influencias chinas (Hernáez, 2006: 25). El objetivo principal era el de preparar a los jóvenes samuráis en el conocimiento de métodos de lucha cuerpo a cuerpo con una serie de innovaciones tanto en técnicas ofensivas como defensivas, y fundamentalmente en el uso de la katana, a la cual se la dotaba de una fuerte connotación espiritual. De esta forma surgió un Arte Marcial que etimológicamente significa "la técnica del cuerpo", "el arte del cuerpo" o "método superior de defensa personal", definición esta última ya de época más reciente (Planellas, 1987: 11-12; Oliva, 1991: 960; Oliva, Torres y Navarro, 2002: 212; Mendoza 2007: 39-43; 2009: 21-33).

En el periodo Heian destacó el clan Minamoto, como hemos comentado, cuyos conocimientos se trasladaron a la aldea Takeda donde enseñaron el Takeda Ryu Aiki Budo mediante la práctica del Tai Jitsu tradicional y las propias innovaciones de este clan que estudió los puntos vitales, las armas blancas, los principios del ki o energía vital, así como preparando la mentalidad de sus alumnos para que no tuviesen miedo a la muerte (Oliva, 1991: 974-977; Santos Nalda, 2003: 101; Mendoza, 2007: 29-31).

En el siglo XVI el clan Minamoto perdió predominancia frente al clan Aizu que consolidó la escuela Daito Ryu con una práctica secreta y restringida para los miembros del clan. Serán los comienzos de la familia Takeda, procedente de la aldea de la cual tomaron su nombre, que consolidarán el Tai Jitsu y ampliarán sus técnicas (Oliva, 1991: 994-1000). En el periodo Edo (1603-1867) destacó Soemon Takeda (1758-1853) que enseño Aiki In Yo Ho a su clan, destacando en estos momentos la figura de Sokaku Takeda (1859-1943) como maestro consolidador del Tai Jitsu tradicional.

Sokaku Takeda vivió tres períodos (Meiji en la Edad Contemporánea, y los períodos Taisho (1912-1926) y Showa (1926-1989) en la Edad Actual japonesa), estudió lanza, espada y otros estilos. Fue instruido por su abuelo en el Daito Ryu. Sokaku destacó por ser el primero en abrir las enseñanzas del Daito Ryu a quienes no pertenecían ni al clan ni a la nobleza, y viajó por todo el Japón desafiando a maestros de otras escuelas y enseñando su nuevo arte. En aquellos momentos, los practicantes del Ju Jutsu o Tai Jitsu estaban mal visto y muchas escuelas desaparecieron. Sokaku Takeda había llegado a ser un héroe de la guerra ruso-japonesa

(Stevens, 1995: 89). Se relacionó con Moriei Ueshiba, Jigoro Kano (Stevens, 1995: 77; Priest y Young, 2010: 140), y de forma indirecta con Ginhin Funakoshi a través de su alumno Minoro Mochizuki (1907-2003) (https//fullcontact.fandom.com/es/wiki/Daito_Ryu; http://www.los3dragones.com/biografias/ginchin_fun akoshi.php), quienes a su vez fomentaron la creación y consolidación de las Artes Marciales nuevas tales como el Aikido por Morihei Ueshiba, el Judo por Jigoro Kano y el Karate por Ginhin Funakosi, llegando Minoro Mochizuki a fomentar el Tai Jitsu Moderno a Roland Hernáez, e incluso viajando a Francia en 1951 (http://hkbujutsu.com/nihontaijitsu/), creando el Aikido-Jujutsu y Tai Jitsu Kendo en 1957, siendo maestro de Roland Hernáez el cual a su vez creó la Asociación Tai Jitsu en 1972 y luego la Federación Francesa Tai Jitsu Shorinji-Kempo, dedicándose especialmente al Nihon Tai Jitsu (http://hkbujutsu.com/nihontaijitsu/) y desde la cual se extendió a la Península Ibérica.

Tras los avatares de Japón durante la primera mitad del siglo XX, la modernización y el cambio radical fomentó la apertura de los conocimientos marciales al occidente, principalmente mediante los hermanos franceses Hernáes y a Daniel Dubois en 1972, quienes crearon el Nihon Tai Jitsu actual, con tintes muy occidentales (Oliva, 1991: 966). Se pretendía buscar la máxima eficacia frente al mínimo esfuerzo y mantener como principio el profundo respeto a la vida, realizando defensas proporcionales frente a los ataques sufridos (Hernáez, 2006: 16). Así, el practicante consigue acceder a un conjunto de técnicas de ataques, defensas, luxaciones, proyecciones, combates en pie y en suelo, y defensas frente a armas como ningún arte lo había ofrecido hasta el momento en Europa, que casi de inmediato acogió las numerosas disciplinas que fueron saliendo también de Japón, como el Aikido, Judo, Karate o Jiu Jitsu, y a su vez la difundieron mediante alumnos directos procedentes de otros países como en el caso de España, marcando la tendencia de creación de nuevos Dojos enmarcados en Federaciones que gestionaban los gimnasios por todo el ámbito peninsular e insular (Hernáez, 2006: 29-33; Mendoza, 2008: 148). Tendrá su evolución en el Luckyjitsu como nuevo estilo de Nihon Tai Jitsu, basado también en el Tai Sabaki y recuperando el uso de las armas e incorporando técnicas para una defensa contundente en cualquier ámbito como por ejemplo el policial o militar (Mendoza, 2014).

Como hemos comentado, la base del Nihon Tai Jitsu se encuentra en el Tai Sabaki o desplazamiento curiosamente entrenado para absorber la energía del atacante, esquivar el ataque sufrido y desequilibrar al oponente para poder realizar la defensa correcta (Planellas, 1987: 16-18; Santos Nalda, 2000: 124; 2003: 103; Hernáez, 2006: 29). Además, se le da gran importancia al ritual del saludo para mantener al menos un espíritu filosófico oriental (Bagnulo, 2004: 8-14). El entrenamiento del Nihon Tai Jitsu actual es muy complejo por lo que muchos alumnos no aptos abandonan este Arte Marcial para dedicarse a aprender deportes que presentan resultados inmediatos por su facilidad de realización. En el Nihon Tai Jitsu encontramos defensas para ataques o agarres de todo tipo, con o sin armas, además de practicar los katas y wazas para potenciar el físico, y las técnicas de combate en pie y en suelo que adoptaron las

MMA (Planellas, 1987: 89; Hernáez, 2006: 32-33; Mendoza, 2008: 52-53; 2009: 110; Dodd y Brown, 2016: 32-33) que ahora están en auge mostrando espectáculos violentos y luchadores con gran potencial físico, velocidad o resistencia (Costa, 2000: 181; McCurry y Grossman, 2007: 57-58; Hobart y Wolfe, 2008: 67-68; Ferreira, Boscolo y Franchini, 2011: 9; Menendez, 2017: 108-109). Antes de dejar de comentar las MMA en este apartado debemos indicar que evolucionó del Ultimate Fighting Championship (UFC) de 1993, tomando métodos de luchas del Tai Jitsu, Jiu Jitsu, Judo o Karate, entre otras disciplinas que surgieron entre las décadas 80 y 90 del siglo XX (Acevedo y Heung, 2011: 29-32) en Occidente puesto que en Oriente tuvo un breve inicio en China con estrictas reglas de participación que limitaba las zonas de golpeo, ya en 1948, siendo considerada una lucha ilegal posteriormente (Filipiak, 2010: 29).

Por tanto, nos encontramos con el Tai Jitsu como un Arte Marcial tradicional que evolucionó hasta nuestros días por influencia occidental y se difundió desde Francia al resto de Europa, incluida España y Portugal. El Nihon

Tai Jitsu comenzó con un entrenamiento muy real para evitar caer en discusiones como las anteriormente comentadas, pero con el tiempo se fue dosificando gracias al nivel y potencial mayor o menor de sus alumnos, centrándose en la utilización de las técnicas retenidas memorísticamente frente al desgaste físico de otras disciplinas competentes, por lo que cualquier practicante de cualquier edad y sexo puede realizar una defensa al menos inicial para salvar su vida en caso de extrema necesidad. Muchas mujeres adoptan este tipo de entrenamiento para tomar confianza y superar el miedo de un ataque (Costa, 2000: 191-192; Mendoza, 2008: 150-153) al igual que muchas personas mayores. Sin embargo, la nueva discusión surge cuando pretenden comparar un luchador de alguna otra disciplina frente al practicante de Nihon Tai Jitsu y muchos han intentado demostrar el poderío de estas técnicas frente a cualquier otra ya que si bien el factor físico es condicionante, habría de comparar a dos luchadores con las mismas características de edad, peso y vocación, lo que suele dar la victoria en esta discusión al practicante de Nihon Tai Jitsu. La prueba la tenemos en la familia brasileña Gracie quienes, tras especializarse en Judo y Ju Jutsu, crearon un estilo nuevo conocido como Gracie Jiu Jitsu poniéndolo en práctica mediante su vertiente conocida como Vale Tudo, en las luchas de MMA logrando grandes triunfos (https://www.titanchannel.com/la-increible-historia-de-la-familia-gracie-y-el-nacimiento-del-jiu-jitsu-brasileno/).

6.2.- EL JUDO:

Podemos considerar al Judo en la actualidad, al mismo tiempo un deporte y un Arte Marcial (Oliva, 1991: 26-27; Oliva, Torres y Navarro, 2002: 426). Etimológicamente Ju significa agilidad, no resistencia y armonía y representa la posibilidad de adaptarse a las circunstancias sin oponer resistencia física o espiritual. A su vez, Do significa camino, vía o método que conduce a un estado mental superior a través de una actividad con fines educativos para vivir una existencia aprovechando los aspectos positivos de la vida. En su conjunto se puede entender como "el camino de la flexibilidad" o "el

54

camino apacible" (Ríos, 1996: 15; Santos Nalda, 2002: 241-242; Mendoza, 2007: 44-46; 2009: 72-74).

El judo fue concebido por el profesor Jigoro Kano que nació en Japón en 1869, durante el período Meiji (1867-1912) en la Edad Contemporánea (https://es.wikipedia.org/wiki/Sokaku_Takeda) y vivió hasta 1938 en la Edad Actual japonesa entre los períodos Taisho (1912-1926) y principios del período Showa (1926-1989). Su constitución era débil y decidió desarrollar su propio físico mediante un programa de potenciación muscular. En 1877 entró a formar parte como alumno de Ju Jitsu en la escuela de Hachinosuke Fukuda, el cual pertenecía a la escuela Tenshin Shinyo Ryu de Tokio, especializada en los Atemi Waza (técnicas de percusión), en los Osaekomi Waza (técnicas de control e inmovilización) y en los Shime Waza (las técnicas de estrangulación). Su origen se encontraba en la fusión de las dos escuelas anteriores: la Yoshin Ryu y la Shin No Shindo Ryu. La Yoshin Ryu había sido fundada por un médico japonés que había ido a China a estudiar y allí había conocido las Artes Marciales chinas. Con las nociones adquiridas, una vez de regreso a su país, y basándose posteriormente en sus propios conocimientos médicos, había creado el nuevo método de combate (Rodríguez Dabauza, 1995: 291-296).

Un miembro de la policía de Osaka había añadido nuevas técnicas a la escuela, fundando el estilo Shin No Shindo Ryu, cuyo sistema de enseñanza se basaba sobre todo en su práctica constante. Siguiendo estos principios, Fukuda mostraba a sus propios alumnos las técnicas y les invitaba a realizarlas continuamente, dando muy pocas explicaciones teóricas. Antes de morir, le dejó a Kano en herencia, como alumno aventajado, los textos secretos de la escuela. Kano encontró un nuevo maestro llamado Maraemon Iso quien también le transmitió los textos secretos de su escuela, siendo posteriormente aceptado como alumno de Iikubo Tsunetoshi experto de la escuela Kito mediante la práctica de técnicas basadas principalmente en las proyecciones o Nage Waza. De esta forma, en 1882 nació el Judo, con una vestimenta propia resistente a los agarres y proyecciones (Oliva, 1991: 116-117). Esta vestimenta estaba sujetada por un cinturón que en occidente se diferenciaría por una escala de colores aunque en Japón sólo existía el blanco, el marrón y el negro con diferentes graduaciones de danes. Kano murió en 1938 contribuyendo a la difusión del deporte y recibiendo a título póstumo el grado de Shihan o Doctor.

6.3.- EL AIKIDO:

El Aikido se entiende como el camino o la vía (Do) a través del cual se aprende a armonizar (Ai) la energía (ki), regulando toda actividad física y mental (Oliva, 1991: 136; Ríos, 1996: 15-28), llegando a significar "el camino de la energía y armonía" (Zamora y Salazar, 2002: 32-33; Santos Nalda, 2003: 195-197; Jerimiah, 2007: 47-48; Mendoza, 2007: 49-51; 2008: 77-79; Filipiak, 2010: 21).

Se trata de un Arte Marcial japonés creado por Morihei Ueshiba (https://www.aikido.es/biografia-de-osensei-morihei-ueshiba/sokaku-takeda-y-la-daito-ryu) y su hijo Kisshomaru Ueshiba. Morihei Ueshiba nació en 1883 en

Japón durante el período Meiji (1867-1912) en la Edad Contemporánea (Ríos, 1996: 54-55) y falleció en 1969. En 1900 se desplazó a Tokio donde practicó Ju Jitsu aprendido en la escuela Kito-Ryu. En 1903 estudió sable en la escuela Yagyu-Ryu en Sakai. Tras la guerra entre Rusia y Japón estudió Judo con el maestro Takagi. En 1910 se trasladó a la isla de Okkaido donde conoció a Sokaku Takeda (1859-1943) (https://es.wikipedia.org/wiki/Sokaku_Takeda) de la escuela Daito-Ryu (http://www.aikido-vittorioveneto.it/?page_id=69-Daito-ryu/Moriei%20Ueshiba/) y estudió con él hasta 1915, obteniendo el diploma de Maestro, ya en el período Taisho (1912-1926) en la Edad Actual Japonesa (Stevens, 1995: 90). En 1919 conoció a Onisaburo Deguchi, figura espiritual y carismática de la secta Omoto Kyo. El encuentro se reveló crucial para Morihei, que buscaba intensamente una nueva luz moral y espiritual que guiase su vida, y también entrenó a Jigoro Kano (1860-1938)

(http://www.aikikaidethones.fr/take/takedaSpa.html)

que fundó el Judo, como hemos comentado (Ceresa, 2000: 9-11; Santos Nalda, 2000: 87-90; 2003: 17-24).

Enseñó Ju Jitsu a los miembros de la secta (Ríos, 1996: 32-33). En 1924 partió para Mongolia con el deseo de fundar una nueva comunidad, basada en las reglas de paz y armonía. Fue capturado y condenado a muerte por el ejército chino pero la diplomacia japonesa le rescató. En 1925 tuvo una experiencia mística, materializando en todo su ser la conciencia de la unidad del universo en todas sus formas, la íntima armonía de todas las cosas, la inutilidad del odio y la gran fuerza unificadora del amor. En aquella ocasión adquirió una visión superior de la vida, lo que tuvo una enorme influencia sobre el Arte Marcial, que desde entonces comenzó a desarrollar. En 1927 realizó en Tokio un curso para los miembros de la guardia imperial, ya en el período Showa (1926-1989). En 1931 se completó un Dojo llamado Kobukan que llegó a ser la sede de la práctica del Aikido. Morihei visitó todos los Dojos de Japón. En 1939 se reorganizó el Kobukan con la fundación del Kobukai (Oliva, 1991: 278). En 1941 con la Segunda Guerra Mundial, la escuela llegó a ser muy precaria. Morihei dejó la dirección del Kobukai en manos de su hijo y se trasladó a Iwama donde levantó un templo del Aiki (idea central del Aikido, siendo el "aiki" un estado pasivo de la mente pero sin miedo) y un nuevo Dojo. Se retiró a estudiar, enseñar y cultivar la tierra (Ríos, 1996: 54-55).

En 1948 la actividad del Kobukai adoptó el nombre de Aikikai. El hijo de Morihei Ueshiba asumió la dirección del Kubokan donde organizó la dimensión pedagógica del Aikido, publicando sus enseñanzas hasta su muerte en 1999. Se difundió una enseñanza donde la verdadera dificultad no estaba en la correcta ejecución de las técnicas sino en la capacidad para comprender un pensamiento, cultura y realidad diferente a las que se conocía hasta el momento (Ríos, 1996: 30-31). De esa forma, un practicante de Aikido debe abrir la mente y sondear conceptos desconocidos para él, abstractos, utilizando esta disciplina como un medio para relacionarse con la realidad que le rodea (Santos Nalda, 2002: 73), concepción ésta que en occidente no se consolida del todo por la creencia en la ciencia y la lógica de las cosas, del movimiento y de la acción, por lo que su enseñanza se aleja de la verdadera práctica de este Arte Marcial, como sucede en la mayoría de los casos en los que se transmite una disciplina oriental y se pierde la concepción filosófica como base de la misma para adaptarla a una mentalidad distinta.

Se pretende alcanzar un estado de unión cuerpo y mente mediante la repetición de ciertos movimientos y el estudio de la meditación. Este hecho puede parecer que se trata de una forma de entrenamiento irreal o poco convincente y muy filosófico para occidente (Santos Nalda, 2002: 298-299).

6.4.- EL KARATE:

El Karate se desarrolló en Okinawa, la isla más al sur del archipiélago japonés, que estuvo influenciada por China durante siglos, favoreciendo no solo el intercambio económico sino el cultural y, en nuestro caso, el marcial desde el siglo XVII (Pflüger, 2000: 6; Mendoza, 2007: 52-53; 2008: 80-82). Surgieron estilos llamados Karate-do, que significa "el camino de la mano vacía", y se desarrollaron sobre todo en los poblados de Shuri, Naha y Tomari. En función del lugar de práctica, los estilos se conocen con los nombres de "Naha-Te", "Shuri-Te" y "Tomari-Te" (http://amberesvista.com/gichin-funakoshi-y-los-origenes-del-Karate-moderno/), los cuales ofrecían técnicas rápidas, fuertes y fluidas (Franco, 2009: 23-24).

A finales del siglo XIX, los nombres de los distintos estilos volvieron a cambiar: las artes de la región de Shuri y Tomari se unieron con el nombre de Shorin-Ryu, mientras que la forma enseña en Naha recibió el nombre de Shorei-Ryu. El Shorin-Ryu contiene a su vez varios estilos con pequeñas diferencias entre sí, mientras que el Shorei-Ryu se divide en dos modalidades: Goju-Ryu y Uechi-Ryu. Matsumura Sokon (1809-1898) aprendió estas Artes Marciales en su país de origen, China, y enseñó sus conocimientos entre otros a Itosu Yasutsune (1832-1918) a Asato Yasutsone (1830-1915) y a Mabuni Kenwa. Itosu concibió a principios del siglo XX un Karate moderno bajo la perspectiva de la educación física, y por primera vez no como un Arte Marcial (Pflüger, 2000: 7-8). Se constata que los primeros katas "Heian" del karate fueron creados en 1905 por Yatsumure Anko Itosu, alumno de Sookun Matsumura (Franco, 2009: 11).

Posteriormente, Gichin Funakoshi (1868-1957) llegó en 1922 a Japón cuando tenía 55 años (Ríos, 1996: 43), con el fin de presentar el Karate. Previamente se hicieron algunas exhibiciones de Karate en Okinawa. Para ese año se iba a celebrar una gran presentación de educación física a cargo de Jigoro Kano (el fundador del Judo). Funakoshi tenía previsto volver a Okinawa después de dicha exhibición, pero se quedó en Japón por las múltiples peticiones que tuvo para enseñar Karate con los estilos conocidos como Shotokan y Shotokai. Apoyado por Kano centró su valor en una concepción por su éxito; mientras que otros maestros del Karate de Okinawa le siguieron a Japón para divulgar también su arte (Ríos, 1996: 43; Pflüger, 2000: 7-11). La base del Karate de Funakoshi es mantener una posición baja, con un centro de gravedad cercano al suelo, para la realización correcta de los numerosos katas que innova.

De esta forma, el estilo Shotokan es el más divulgado en occidente, destinándose a exhibiciones de katas individuales o en grupo, con o sin música y compitiendo con estrictas reglas de contacto las técnicas de kumite. Otros estilos menos conocidos son el Shito Ryu, el Isshin Ryu o el Wado Ryu (Pflüger, 2000: 10-11; Dodd y Brown, 2016: 32-33).

6.5.- EL KRAW MAGA Y LA DEFENSA POLICIAL:

Aunque no consideremos el Kraw Maga como un Arte Marcial histórico, comentaremos algunas características de este estilo de defensa personal relativamente reciente orientado al ámbito militar y policial, creado por Imi Lichtenfeld (1910-1998) en los años setenta como tal, aunque gestándose muchas décadas anteriores por haber estado su maestro integrado en las fuerzas militares israelitas donde puso en práctica sus conocimientos con la premisa de "llegar sano a casa" y considerándose una disciplina violenta con un entrenamiento muy real, al menos entre los verdaderos practicantes israelitas

(http://www.forodeseguridad.com/artic/miscel/6065.h
tm). En 2010 fue reconocido por el Consejo Superior de
Deportes de España mediante la Federación Española de
Lucha.

Este nuevo estilo de combate cuerpo a cuerpo pretende
simplificar las técnicas más eficaces de otras disciplinas
marciales más complejas como el Tai Jitsu, Ju Jutsu,
Aikido, Judo o Karate, pues la amenaza es real para los
practicantes israelitas y necesaria en contextos bélicos en
los que está envuelto aquél país de forma
ininterrumpida, además de integrarse en cuerpos
policiales. De esta manera se transmitió por muchos
países, fundamentalmente Estados Unidos y en gran
parte de Europa. Se centra en defensas y ataques frente a
armas blancas (Costa, 2000: 131; Santos Nalda, 2003: 71;
Mendoza, 2008: 231-243; Dwyer y Moshtagh, 2013: 1) y
de fuego, por lo que sus practicantes adoptan un
entrenamiento basado en la eliminación del miedo en
todos sus aspectos (Mendoza, 2007: 66; 2008: 99).

La defensa policial, por tanto, se orienta a cuerpos
policiales aunque no es una condición necesaria para su

aprendizaje ya que la enseñanza es libre. Se integra también en la Federación de Lucha, estando registrada como Arte Marcial en el Consejo Superior de Deportes de Madrid, para el caso occidental de nuestro país. Se originó recopilando una serie de técnicas de distintas Artes Marciales, aplicadas a situaciones defensivas con entrenamientos muy reales en los que se incorpora el equipamiento policial, destacando las armas de fuego (Domingo, 2003: 47; Mendoza, 2008: 244-252), los grilletes o los bastones policiales. Se entrena desde un simple cacheo a una reducción de los atacantes, bien solo o en equipo, con el fin de dañar lo mínimo al enemigo ya que tienen presente los principios de legalidad de cada país y evitar cualquier conflicto judicial al ser una herramienta de trabajo (Oliva, 1991: 594-595; Rodríguez Dabauza, 1995: 347-349; Bagnulo, 2004: 15-18; González y Veleiro, 2004: 12-18). De hecho, muchos jueces consideran en nuestro país que el propio practicante de Artes Marciales ya es un arma en sí mismo por su conocimiento, comparándolo con un arma blanca o palo corto, por lo que la concepción que se tiene en cuanto a legislación es polémica (Rodríguez Dabauza, 1995: 53-55;

González y Veleiro, 2004: 21-23; McCurry y Grossman, 2007: 57-58; Mendoza, 2007: 122-123; 2008: 266-270; Martínez, 2011: 117-118).

6.6.- EL LUCKYJITSU:

El Luckyjitsu es un nuevo estilo del Nihon Tai Jitsu. Su nombre proviene de Lucky o armonía, suerte y afortunado, y de Jitsu o ténica, por lo que se define como "el método superior armonizado de defensa personal", fundado en 2008 por J. David Mendoza Álvarez, especialista en distintas modalidades de Artes Marciales (https://luckyjitsu.es.tl), siendo este nuevo estilo reconocido por la Federación Española de Artes Marciales (FEAM) en 2012, estando registrado como estilo nuevo en las actas de la mencionada Federación y en el Registro de la Propiedad Intelectual de Sevilla (España). Presenta objetivos similares a los del propio Nihon Tai Jitsu, el cual ha sido modificado por el autor para obtener una mayor eficacia, rescatando del Tai Jitsu tradicional la defensa y el uso de distintos tipos de armas así como técnicas policiales con el correspondiente uso del equipamiento al respecto, como grilletes, bastón corto o armas de fuego. Se centra en el Tai Sabaki o desplazamiento como premisa principal del Nihon Tai Jitsu (Hernáez, 2006: 16-32), además de dedicar más tiempo al entrenamiento de atemis, combates en pie y en suelo, y todos los fundamentos del Nihon Tai Jitsu, estableciendo nuevos katas y wazas para llegar a dominar la armonía del ser mediante el estudio de la meditación (Mendoza, 2014), respiración (Won, 1977: 30), inmovilizaciones (Ghetti, 2000: 91), estrangulaciones (Galán, 1998: 69; Ghetti, 2000: 98), proyecciones (Ghetti, 2000: 21), sutemis (Ghetti, 2000: 77), caídas (Galán, 1998: 25), agarres de muñeca (Galán, 1998: 31), kihon, luxaciones y otros aspectos esenciales como los fundamentos principales de una disciplina marcial (Planellas, 1987: 13-15; Galán, 1998: 25-31; Costa, 2000: 161; Cleary, 2006: 85; Mendoza, 2007: 12-28; Hobart y Wolfe, 2008: 67-68), el rescate de la filosofía en estos contextos (Deshimaru, 2002: 191-122; Santos Nalda, 2003: 271-274; Cleary, 2006: 43; Hane, 2011: 92-94), dedicando gran parte del tiempo al estudio teórico de la enseñanza y aprendizaje en el plano psicológico y pedagógico relativos a las Artes Marciales (Deshimaru, 2002: 11; Alonso, 2007: 39; Espartero, Villamón y González, 2011: 48), pues el aspecto psicológico llega a sustituir a los métodos filosóficos tradicionales en las Artes Marciales occidentales, regulando los entrenamientos y la mentalidad de los practicantes (Alonso-Fernández, 1974: 39-44; López, 1994: 42-43; Costa, 2000: 19-20; Santos Nalda, 2000: 120-123; 2003: 35; Cleary, 2006: 47-51; Alonso, 2007: 26).

Podemos establecer los principales maestros que han hecho posible la creación de este nuevo estilo. De forma indirecta los ya comentado Sokaku Takeda (1859-1943) que transmitió sus conocimientos a Minoro Mochizuki (1907-2003) y éste a Roland Hernáez (1934-hoy) quien de forma más directa le transmitió los conocimientos al gran maestro José Herrera y éste a los hermanos Gómez Matos que fueron los maestros directos de Mendoza, cuarto Dan de Nihon Tai Jitsu y VI Dan de Luckyjitsu, obteniendo el título de fundador de estilo, Shihan o Doctor en Artes Marciales de Raúl Gutiérrez López,

director   de   la   FEAM-SUSKA
(http://fushihkenpo.blogspot.com/;
http://feamsuska.blogspot.com).

El Luckyjitsu realiza técnicas de defensas y ataques, con o sin armas, estudiándose en sus entrenamientos los puntos vitales más importantes y evidentes del cuerpo humano para establecer una técnica contundente y eficaz en un momento dado, respetando siempre la vida, pero anteponiendo nuestra existencia a la del enemigo, y considerándose un estilo de lucha violento y contundente. Pero este Arte Marcial no busca el enfrentamiento al recuperar los principios filosóficos tradicionales y tomando de las principales disciplinas marciales las técnicas más importantes para conformar su cuerpo teórico. Del Karate toma las modalidades de kumite o combates y las formas bajas del estilo Shotokan; del Judo toma los aspectos relacionados con las inmovilizaciones en el suelo; del Ju Jutsu o Jiu Jitsu toma técnicas relacionadas con el combate en el suelo así como inmovilizaciones y luxaciones; del Aikido japonés y del Hapkido coreano toma algunas técnicas de luxaciones y control, así como un completo estudio del desplazamiento y puntos vitales (Mendoza, 2008: 123-125); de la Defensa Personal Policial y del Kraw Maga toma el estudio relacionado con todo tipo de armas blancas y de fuego, y entrenamientos reales en distintas situaciones así como los métodos de inmovilizaciones mediante engrilletamientos y formas del trabajo policial; del Bu Guei toma el método de combate militar de las fuerzas especiales; del Kiaijitsu toma la forma de descontrolar al oponente mediante el correcto uso de la energía interna; del Bojutsu toma el manejo del palo largo o Bo; del Jojutsu toma el manejo del palo mediano o Jo; del Kenjutsu toma el manejo de la katana, el bokken y el resto de armas blancas; del Juko Kai toma la resistencia y control de golpes; del Tai Jitsu tradicional toma todas sus técnicas e innova otras propias, atemis, luxaciones, proyecciones, sutemis, kihon, katas, wazas y todo tipo de agarres y ataques en todos sus ángulos; de otras modalidades marciales como el Kung Fu, Wing Chun o el Tai Chi, toma su filosofía, disciplina, control del espíritu y meditación (Mendoza, 2014).

Por último, el Luckyjitsu innova la mejora de ciertas técnicas del Nihon Tai Jitsu con una defensa más eficaz y menos extendida o complicada; se recupera el uso de las armas blancas y de fuego como hemos comentado; se orienta a una preparación técnica para cualquier edad y sexo (Mendoza, 2008: 150-153); se mejora la lucha en el suelo; se incorporan nuevas llaves de muñeca, nuevos katas con o sin armas y nuevos wazas (Mendoza, 2008: 52-53; 2009: 110); se estudia la anatomía humana para conocer los puntos vitales y zonas de golpeos, siendo necesario el conocimiento de los primeros auxilios en cuanto a posibles golpes, fracturas o heridas que se puedan dar en la práctica de esta disciplina (Costa, 2000: 21-22); y se involucra al alumno en el estudio teórico de las Artes Marciales con el fin de fomentar la creatividad propia (Mendoza, 2014). De esta forma, elimina del Nihon Tai Jitsu la obligatoriedad de realizar katas en el sistema de exámenes; la realización de randoris preparados cambiados a métodos de entrenamiento de técnica libre; mantiene el ritual del saludo y la guardia fundamental de puño cerrado o kamae, eliminando el uso del resto de guardias principales del Nihon Tai Jitsu tales como la guardia agrupada, en cubierto o kempo, añadiendo guardias instintivas según los casos reales de enfrentamientos; adapta el sistema relativo a indumentarias, tiempo de obtención de cinturones, danes y titulación superior, con la creación de una Tesina obligatoria para los niveles elevados, fomentando el plano teórico de las Artes Marciales (Mendoza, 2014).

6.6.1.- DECÁLOGO LUCKYJITSU:

6.6.1.1.- Procedencia del neologismo "Luckyjitsu":

LUCKYJITSU:

De *lucky* (armonía, suerte, afortunado) y *jitsu* (técnica).

Nuevo estilo de *NIHON TAI JITSU.*

Creado por el *Shihan* David Mendoza, 6º Dan. 2012.

FUNDADOR DE ESTILO
6° DAN "ROKUDAN"
SHIHAN

J. DAVID MENDOZA ÁLVAREZ
LUCKYJITSU: NIHON TAI JITSU

En el mundo de las Artes Marciales hace su aparición el Luckyjitsu, en funcionamiento desde el 2011 de la mano de su fundador David Mendoza. Nace como un estilo nuevo de *Nihon Tai Jitsu* en el que se realizan una serie de cambios y mejoras con respecto a su arte predecesor.

©Logotipo del Luckyjitsu.

6.6.1.2.- Objetivos de esta disciplina:

Mostrar la forma en la que un arte marcial consagrado como es el Nihón Tai Jitsu, puede ser, a día de hoy, modificado para mejorar. En este caso, se han vuelto a los orígenes en el que el uso de las armas (adaptadas a los tiempos modernos) y la lucha cuerpo a cuerpo deben de ser estudiadas con meticulosidad, así como todo el elenco filosófico y psicológico que este nuevo estilo intenta enseñar. Con ello, se atiende a los principios fundamentales del Tai Jitsu, tales como las guardias más básicas o el Tai Sabaki esencial, añadiendo y remodelando otros que se ajustan tanto a una forma de combate más real y efectiva, como a la estética necesaria y representada a través de las formas en movimientos (wazas y katas), para llegar a dominar el espíritu con armonía.

6.6.1.3.- ¿Qué es el Luckyjitsu?:

Es un método evolucionado o mutado del tradicional Tai Jitsu, y por lo tanto está considerado Arte Marcial con sus reglas propias de entrenamiento, examinación y disciplina.

Su nombre significa "Método Superior Armonizado de Defensa Superior", aunque puede llevar otros significados más simples como "La Técnica Afortunada" o "Método de Defensa Personal Afortunado".

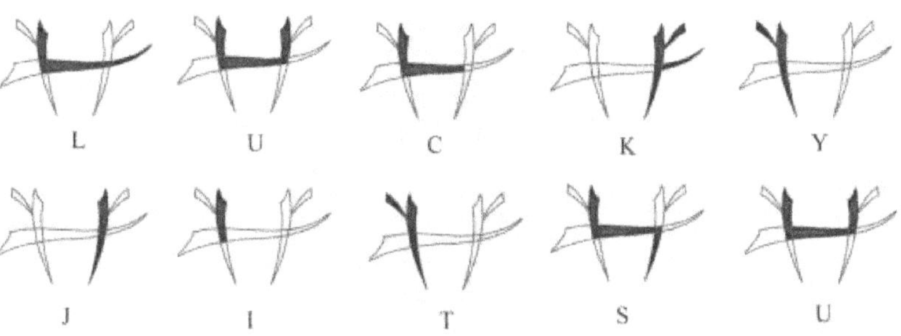

Imagen que recrean cada una de las letras de esta disciplina.

6.6.1.4.- ¿Quién inventó el Luckyjitsu?:

David Mendoza, escritor e historiador que ostenta numerosos títulos en disciplinas distintas de artes marciales así como es el creador también de una colección de artes marciales que comprende varios volúmenes donde estudia la evolución del arte marcial tradicional con el que se inició (http://escritordavidmendoza.es.tl).

El fundador de estilo David Mendoza.

6.6.1.5.- ¿Cuál es el nombre de los maestros directos del Tai Jitsu?

Desde que se tiene constancia del Tai Jitsu tradicional, se considera a Sokaku Takeda como fundador de aquél arte marcial que evolucionó en occidente de la mano de Roland Hernáez, quien a su vez transmitió conocimientos en el norte y sur de la Península Ibérica, siendo uno de sus difusores los hermanos Gómez Matos (Mané y Emilio), quienes a su vez fueron los maestros de David Mendoza el cual no dudó en estudiar todas las disciplinas marciales en una monumental tesis (titulada "Historia y filosofía orientales a través de las artes marciales: Nihón Tai Jitsu") que dio como resultado la creación de este nuevo estilo o arte marcial.

El título Shihan se reconoce a partir del VI Dan y se equipara a Doctor en Artes Marciales.

6.6.1.6.- ¿Por qué se llama Luckyjitsu?:

Como ha sido comentado hasta ahora, es una evolución de un arte marcial ya existente, considerada como mutación o evolución de estilo del tradicional *Nihon Tai Jitsu*. David Mendoza decidió así dar un amplio sentido al término inglés *"Lucky"* o suerte y a la palabra japonesa

Jitsu o *Jutsu*, traducida como técnica, por lo que según lo que ya se ha dicho, el autor considera apropiado la descripción de Luckyjitsu como un *"Método Superior Armonizado de Defensa Superior"*.

6.6.1.7.- ¿En qué está basado este nuevo estilo de Nihón Tai Jitsu?:

Se basa en el Tai Sabaki, de la misma forma que lo hacía el tradicional arte marcial del que evoluciona. Su fundamento es el Desplazamiento para con el cual realizar una completa técnica de parada, defensa y una contundente y efectiva respuesta hacia los puntos vitales realizada con el mínimo esfuerzo y máxima eficacia, así como respetando siempre la vida, pero sobre todo anteponiendo nuestra existencia a la del enemigo que debe ser castigado. Este arte marcial que no busca el enfrentamiento sino que a través de la filosofía de vida del mundo tradicional oriental, intenta aprovechar la fuerza del contrario para su derrota, contemplando psicológicamente todos sus movimientos, desde el fruncimiento de ceño hasta lo que pueda portar en sus manos, para con ello, anticiparnos con fluidez al desarrollo de la técnica que deberá ser simple y concisa.

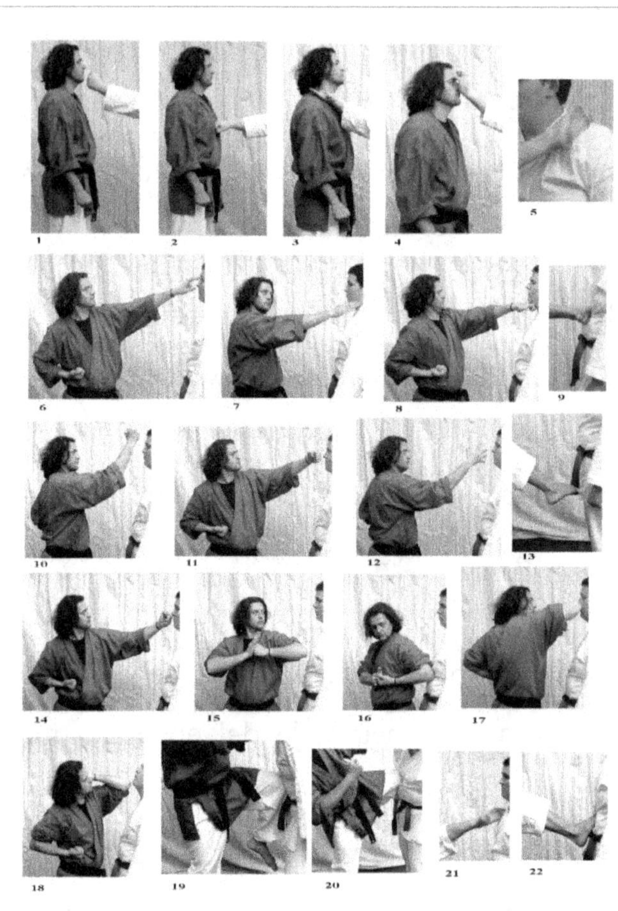

Golpes con las armas naturales del cuerpo.

6.6.1.8.- ¿De dónde proviene el Luckyjitsu?:

Como se ha explicado con anterioridad, el Luckyjitsu es
un arte marcial que evoluciona constantemente en el
tiempo, retomando el espíritu del Nihón Tai Jitsu así
como el uso de armas (kenjutsu, bojutsu, jojutsu y armas
de fuego) o de la energía interna (Kiaijitsu).

6.6.1.9.- ¿Qué toma de las diversas Artes Marciales más conocidas?:

Como es habitual cuando se funda un nuevo arte marcial
o cuando se evoluciona o se muta hacia otro estilo, se
intenta ampliar el temario, con ejercicios creados de
iniciativa propia o con la toma de muchos otros aspectos
disciplinares de deportes o artes guerreras, para dar
lugar al origen de una nueva forma o método de defensa
personal.

Del Kárate toma entre otros aspectos el Combate o
Kumité, y las formas bajas del Kárate Shotokan

(mostrados en la realización de wazas o katas de este nuevo estilo).

Del Judo toma todos los aspectos relacionado con técnicas de inmovilizaciones en el suelo.

Del Ju Jitsu o Jiu Jitsu toma también todo lo relacionado con el combate en suelo, así como técnicas de inmovilización o luxaciones tradicionales.

Del Aikido japonés o del Hapkido coreano toma algunas técnicas de luxaciones y control, así como un estudio completo del desplazamiento y los puntos vitales.

De la Defensa Policial generalizada o del Krav Maga toma el estudio relacionado con todo tipo de armas y enfrentamientos reales en distintas situaciones así como los distintos métodos de engrilletamientos más comunes.

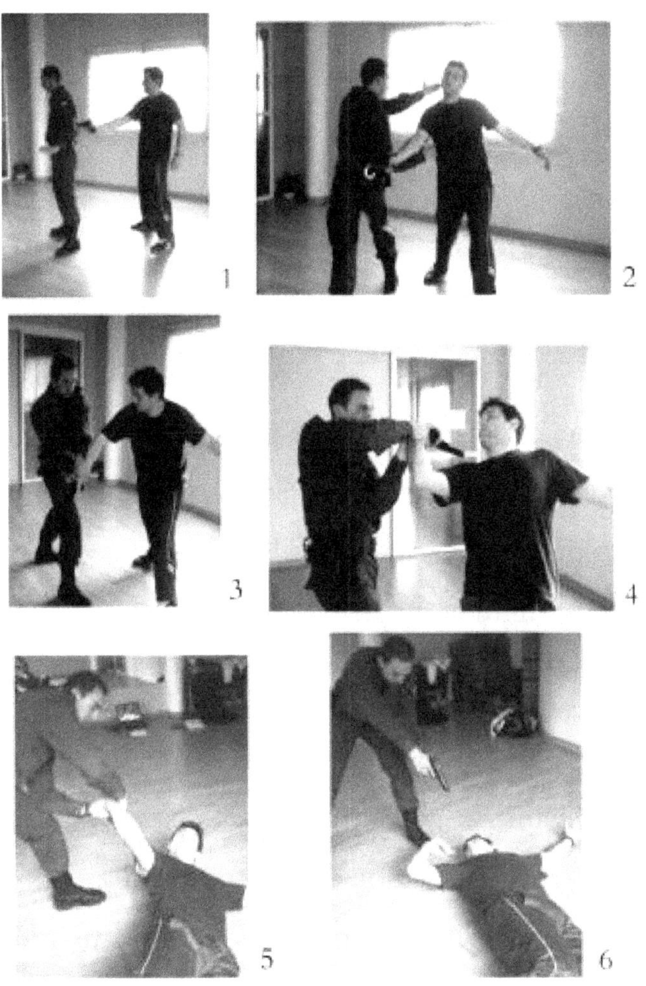

Del Bu Guei toma el método de combate de las fuerzas especiales.

Del Kiaijitsu toma la forma de descontrolar al oponente mediante la energía interna.

Del Bojutsu toma el manejo del Bo o palo largo.

Del Jojutsu toma el manejo del Jo o palo mediano.

Del Kenjutsu toma el manejo de la katana, Bokken y resto de armas blancas.

Del Juko Kai toma la resistencia y control de golpes.

Del Tai Jitsu toma numerosos aspectos que concierne desde la filosofía y espíritu marcial, primeros auxilios, puntos kuatsu, inmovilizaciones, tai sabaki, proyecciones, algunas guardias, wazas y algunos katas, llaves fundamentales de muñeca hasta todo tipo de atemis.

De otras disciplinas menos comunes como el Kun Fu, Yoga o el Zen, el fundador extrae un estudio completo de su filosofía, de su disciplina, del conocimiento del espíritu mediante la meditación y el pensamiento así como el uso de la psicología marcial que abarca a todas estas disciplinas comunes, sean tanto china, coreana o japonesa.

6.6.1.10.- ¿Qué innova?:

Complementar técnicas del Nihón Tai Jitsu y realizar una defensa más efectiva.

Manejo de armas (Luckyjitsu policial). Defensa femenina. Luckyjitsu infantil.

Defensa eficaz en suelo.

Nuevas llaves de muñeca.

Nuevos Wazas y Katas.

Control de puntos vitales y zonas de golpeo. Conocimiento anatómico.

Conocimientos teóricos expandidos a cerca del resto de artes marciales.

Imágenes de las caídas fundamentales.

6.6.1.11.- ¿Qué elimina del tradicional Nihón Tai Jitsu?:

Con respecto a su evolución, para que sea considerado un estilo nuevo, eliminó varios puntos técnicos basado sobre todo en puntos a realizar en la propia enseñanza así como en los pertinentes exámenes. Elimina la obligatoriedad de realizar katas, siendo éstos considerados voluntarios y útiles para subir nota en los exámenes, aunque si crea katas y wazas con y sin armas de la propia modalidad naciente y se recomienda su práctica en el temario.

Tampoco hace necesario la demostración de los Randori los cuales son cambiados por Técnicas Libres a elegir por el examinante donde deberá realizar encadenamientos simples y compuestos para demostrar una completa asimilación del grado al que opta, así como una seguridad y equilibrio perfeccionado según evolucione en su aprendizaje.

Mantiene la guardia fundamental de puños cerrados o Kamae y elimina las que considera obsoleta o inútiles del Tai Jitsu, tales como Guardia Agrupada o Guardia en Cubierto, añadiendo numerosas formas de Guardias Instintivas según el caso y la circunstancia del enfrentamiento.

Innova técnicas de control, proyección, luxación y defensa policial a la que especifica el uso de grilletes, cacheos, control y amarre con materiales no comunes, y un largo etcétera de novedades.

Adapta las normas referidas a indumentaria, cinturones, danes y titulación superior, con la creación de una Tesina para obtener ciertos grados.

Se considera una disciplina abierta a cambios en su constante evolución.

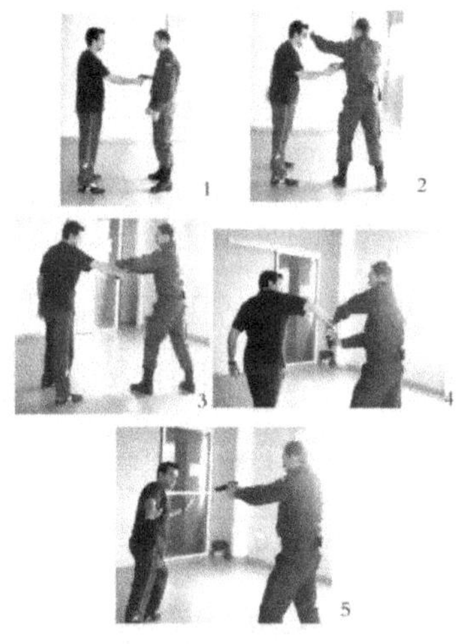

Imágenes de técnicas policiales que incorpora el Luckyjitsu.

90

7.- CONSIDERACIONES PSICOLÓGICAS DE LAS ARTES MARCIALES:

Actualmente las Artes Marciales están desarrolladas para mantener una disciplina de entrenamiento respetuoso con un fuerte componente psicopedagógico sobre todo cuando se realizan las técnicas infantiles (Alonso-Fernández, 1974: 273; Oliva, 1991: 756-757; Rodríguez Dabauza, 1995: 239-247; Oliva, Torres y Navarro, 2002: 491-494), sin olvidar que las Artes Marciales evolucionan y se orientan a la defensa frente a ataques que no puedan ser evitados, además de contribuir al desarrollo de la personalidad intentando rescatar los valores tradicionales de honor y respeto (Simpkins y Simpkins, 2007: 50-51).

En este aspecto, la psicología ha sustituido a la filosofía tradicional en cuanto a modelos espirituales que estudia las Artes Marciales (Ríos, 1996: 65-67). Para ello, se habla del concepto de cambio que produce una capacidad de adaptación y aprendizaje en las Artes Marciales como figura imprescindible en la conducta humana, junto a los de la emoción, habilidad, inteligencia y memoria o percepción que el practicante debe asimilar en cada técnica que le es dada (Oliva, Torres y Navarro, 2002: 329; Corral y Pardo, 2005: 29). Hoy día, en occidente, las Artes Marciales no pueden ser consideradas totalmente violentas al tener acceso gran parte de la población civil (Rodríguez Dabauza, 1995: 213-214) y solo formar parte de algunos cuerpos especializados, militares o policiales, por lo que el espíritu guerrero de las tradicionales Artes Marciales ha desaparecido en este contexto. Las limitaciones son meramente deportivas. La sociedad occidental acomodada debe buscar en qué emplear su tiempo libre y quizá seguir las recomendaciones médicas para hacer un poco de ejercicio. Todo lo contrario sucede en el extremo oriente donde vemos que en algunos países se han "reincorporado" al ejército o a las policías de forma obligatoria, como los casos de las dos Coreas, Vietnan o China. Otro tema a debatir es el de los trastornos de ciertas personas que hacen del estudio de determinadas Artes Marciales una herramienta violenta (Mendoza, 2008: 216-218). Hemos de preguntarnos,

92

entonces, si podemos considerar violentas el uso abusivo o inadecuado de las Artes Marciales. La respuesta es que son eficaces pero no estamos en los contextos históricos para los que se formaron.

Debemos detenernos en comentar brevemente los resultados beneficiosos de la práctica de algún Arte Marcial, no solo en cuanto al cuerpo, sino en lo que a la mente se refiere, como por ejemplo, la superación de problemas puntuales personales de autoestima o circunstancias que genera el miedo a las confrontaciones. Con la práctica de algún Arte Marcial desde edades muy tempranas se llega a lograr el desarrollo completo del cuerpo y la integración y desenvolvimiento de la persona (Corral y Pardo, 2005: 261). Si se realiza un entrenamiento desde niño se puede considerar que se sientan las bases de una correcta fisiología del ejercicio, se supera la fatiga, se avivan los reflejos, se perfecciona la elasticidad así como la flexibilidad y agilidad, en cuanto a las condiciones físicas. Con el crecimiento se van corrigiendo los errores de la vida, aprendiendo de ellos, trabajándose la mente en el plano psicológico, siendo fundamental para la retención del proceso de aprendizaje y asimilación de la experiencia marcial que evolucionará junto a la personalidad del practicante (Corral y Pardo, 2005: 31). Podemos considerar que la práctica de un entrenamiento constante en alguna disciplina marcial favorece la contracción y distensión muscular, por lo que la eficacia de la técnica vendrá derivada por la aplicación exacta de un conjunto de fuerzas coordinadas y concentradas en un punto, al máximo de su potencia en un momento dado, manteniendo al mismo tiempo, un equilibrio armónico con el resto de nuestro sistema (González y Veleiro, 2004: 50-60).

De esta forma, enumeraremos una lista de beneficios que conseguimos con la práctica de algún tipo de Arte Marcial: se consigue un amplio sentido del equilibrio corporal, una gran capacidad funcional, una mayor agilidad, flexibilidad y elasticidad, así como un mejor funcionamiento tanto del corazón como de los pulmones, a lo que hay que añadir una buena producción de adrenalina y otras hormonas frente a situaciones estresantes que se consiguen superar con una correcta preparación mental, así como si se sigue una dieta equilibrada se consigue un buen desarrollo del aparato óseo-articular y una mayor extensión de los músculos y ligamentos (Oliva, 1991: 436-437; Mendoza, 2008: 333-334).

Anteriormente hemos aludido al miedo e incluso a la formación de los primeros guerreros para evitar situaciones de angustia o de muerte inminente en el combate (Jerimiach, 2007: 47-48). El estudio de alguna disciplina marcial puede ayudar al practicante de hoy día a evitar los problemas que producen el miedo. Los estudios al respecto determinan una serie de rasgos que produce el miedo y que las Artes Marciales han conseguido disminuir, incrementando la confianza del practicante (Van Rillaer, 2000: 7-8; Oliva, Torres y Navarro, 2002: 483; González y Veleiro, 2004: 50-60; Mendoza, 2008: 123-125). Los tipos de miedo pueden darse en formas diferentes, tales como una parálisis catatónica, esperar demasiado tiempo para la ejecución de una defensa adecuada y proporcional, poca capacidad para recordar los hechos ocurridos, sensaciones de vómitos, temblores, manos sudorosas, confusión, ira, menor sentido del equilibrio y de la capacidad funcional, poca coordinación de movimientos, negación a creer lo que está ocurriendo, mayor preocupación por salvar la integridad física, sentimiento de muerte, incapacidad para coger un arma en el caso de los miembros de los distintos cuerpos policiales, agravando aún más los trastornos mentales del sujeto con una pluralidad de factores que se alejan de esta lista comentada (Alonso-Fernández, 1974: 45-49; Oliva, 1991: 634-635; Ríos, 1996: 20-21; Van Rillaer, 2000: 10-15; Zamora y Salazar, 2004: 93-94). Nos hemos referido a un miedo relacionado con un proceso de agresión extrema, que si bien se logra salir físicamente indemne por cualquier otra razón que no sea el autocontrol, el individuo puede caer en episodios de ansiedad, depresión, consumo de drogas, intentos de suicidio y muerte (García Madruga y Moreno, 2003: 11-12; Zamora y Salazar, 2004: 92; Alonso, 2007: 25). Fue S. Freud quien analizó los factores psicológicos que produce el miedo de forma general (Van Rillaer, 2000: 13), pero no nos detendremos en comentarlo, tan solo mencionar que ha sido probado la eficacia del estudio de las Artes Marciales en occidente, aumentando la autoestima del practicante que por vocación y empeño consigue un cierto nivel elevado de conocimiento, que le da confianza no sólo por la práctica de las diferentes técnicas sino por el control de la respiración en la meditación que aún queda en ciertos Dojos como recuerdos de las tradicionales Artes Marciales (Won, 1977: 30; Oliva, 1991: 776-777; Van Rillaer, 2000: 53; García Madruga y Moreno, 2003: 21; Mendoza, 2008: 200-215).

Por tanto, en este aspecto, para superar el miedo es necesario tener autocontrol, confianza, pensamientos positivos, prudencia, seriedad en los entrenamientos, meditar con una mente despejada controlando la respiración, mantener la calma y un correcto equilibrio corporal en todo momento, evitando la ira de las frustraciones y conociendo las propias actitudes personales de cada uno, su coordinación de movimientos, su físico, elasticidad, y una visualización del entorno que nos rodea en cada instante para controlar la situación en momentos de miedo frente a alguna agresión inminente (Van Rillaer, 2000: 17-18; Hobart y Wolfe, 2008: 67-68; Espartero, Villamón y González, 2011: 43; García, 2015: 19). Pero hemos de preguntarnos si estas consideraciones evitarían un enfrentamiento. A pesar del dicho tradicional con la premisa de que "dos no se pelean si uno no quiere", vivimos unos tiempos donde a pesar de que uno no quiera luchar, el enfrentamiento es inevitable, como en el caso de un atraco. Sería extenso explicar casos similares y poner ejemplos de en qué momento intervenir en un atraco, conocer cuántos oponentes hay alrededor nuestra, mantener la espalda a salvo para realizar los ataques frontales o ver qué tipo de armas tienen el o los enemigos. Puede darse el caso también de que el atracador sea algún practicante de Artes Marciales con un fuerte físico, por lo que en tal caso es fundamental conocer lo que los otros no conocen, como los puntos vitales más importantes y los golpes que se deben aplicar en ellos para reducir al enemigo de forma rápida y eficaz. Por lo general, de los más de trescientos puntos existentes en el cuerpo humano, tan sólo son visibles un par de docenas que se encuentran principalmente en la cabeza (tanto puntos mortales como dolorosos) o en las articulaciones (sobre todo los puntos dolorosos), además de en el abdomen, costillas flotantes y genitales que al golpearlos correctamente podemos reducir al adversario (Oliva, 1991: 336-337; Hernáez, 2006: 18-23; Mendoza, 2008: 148; Rodríguez Dabauza, 2008: 153-154). Podemos extender estas premisas a cualquier practicante de Arte Marcial de cualquier edad y sexo (Costa, 2000: 192), si bien las mujeres suelen tener un físico menor quizá como condicionante negativo aunque siempre mantendrá una mayor elasticidad para golpes con las piernas como gran ventaja, que unido al conocimiento de los puntos vitales y un estudio serio de las técnicas marciales, pueden hacer frente a más rivales de los que se cree (González y Veleiro, 2004: 306-309) y el cine nuevamente se ha encargado de manipular en contra del sexo femenino en el que la chica siempre debe de ser salvada del enemigo. Al menos en la mayoría de los países se abren las puertas de los Dojos a las mujeres frente al estricto entrenamiento de las Artes Marciales tradicionales limitadas exclusivamente a los hombres por ser éstos los que acudían a las guerras y tolerar mejor ciertos golpes dolorosos por constitución. Por tanto, el entrenamiento hoy día se realiza de la misma forma para ambos sexos, realistas para las disciplinas que así lo exijan y contundentes, físicos y mentales para otras, procurando alcanzar la educación que se imparte a todos los practicantes (Van Rillaer, 2000: 20-27; García Madruga y Moreno, 2003: 9-13; Thiebaut, 2004: 17; Leahey, 2005: 8-9; Mendoza, 2008: 191-194).

8.- COMENTARIOS FINALES:

Hemos realizado una escueta revisión por las Artes Marciales tradicionales más importantes así como otras de reciente creación, con el fin de determinar si se pueden considerar violentas o no. Hemos dado algunas respuestas en las líneas anteriores pero es necesario argumentar la propia pregunta inicial pues no es lo mismo una pistola que un cuchillo, y mucho menos el uso que se le da. En manos responsables pueden ser herramientas de confianza pero en poder de personas trastornadas se convierten en armas mortales. El elemento común de ambas es que su uso es violento como premisa principal, dependiendo del sujeto que los utilice. En este ejemplo podemos entender como un uso violento el estruendo que realiza una pistola al ser disparada y el agujero que ocasiona en una diana, si se entiende que la usamos a modo de entrenamiento, y en el caso del cuchillo, la acción que se realiza es violenta porque corta y separa un todo que estaba unido.

Con esta metáfora es necesario aclarar el concepto de agresividad íntimamente relacionado con la violencia (Alonso-Fernández, 1974: 679-694; Rodríguez Dabauza, 1995: 248-249). Entre las especies de animales salvajes, la agresividad se da en ciertos contextos territoriales o de caza. Para el caso humano, la agresividad puede ser innata o adquirida con el tiempo, por algún trastorno de la personalidad, y por lo general vinculado a la violencia. Pero puede ser considerada violenta una guerra en esta definición si fueron las que ocasionaron las apariciones de las distintas formas de combates a lo largo de la Historia. Se puede entender un concepto territorial o de poder que no justifica tal acción y que individualmente está motivada por una pulsión agresiva puntual, por una reacción agresiva frente a cualquier frustración, por una sociedad competitiva y considerada agresiva generalmente. Por lo tanto, si las Artes Marciales se crearon como un método de defensa frente a diferentes ataques, utilizadas en las guerras y limitadas posteriormente a la defensa personal, ¿se pueden considerar violentas?. Nuevamente podemos responder con la metáfora anterior pues el nivel de agresividad no define un Arte Marcial (Rodríguez Dabauza, 1995: 248-249; Santos Nalda, 2002: 262-268; García Madruga y Moreno, 2003: 11-12; McCurry y Grossman, 2007: 57-58).

Las frustraciones son las experiencias principales que provocan comportamientos agresivos, entre otras causas como los sentimientos de culpa, la represión, la negación de la realidad y los trastornos de personalidad (García Madruga y Moreno, 2003: 102-104; Leahey, 2005: 13; Mendoza, 2008: 216-218). Será S. Freud quien defina la agresividad como una manifestación del instinto de muerte (Ríos, 1996: 65-67), luego, si se prepara a un samurái para la lucha con una alta probabilidad de muerte, se está preparando a un guerrero para la agresividad y violencia que le ofrece ese Arte Marcial determinado. Por ello fue necesario la realización de un código de guerreros para este caso, como el Bushido o "el camino del guerrero" (Alonso, 2007; Choza, 2013: 27), con virtudes tales como la justicia, el coraje, la compasión, el respeto, la honestidad, el honor y la lealtad. Hoy día encontramos una serie de factores en el entrenamiento de las Artes Marciales, alejados de este código, pero con unas características parecidas tales como el respeto por la vida, la cortesía y unos principios de conducta frente a la lucha inminente tales como mantener una distancia adecuada, efectividad en los desplazamientos, atacar al enemigo que tenga algún arma en primer lugar para los casos de agresiones en grupo, y poder eliminarla o quedárnosla para combatir con ella, o atacar al que parezca el líder o jefe del grupo amenazante. Además, se aconseja realizar técnicas simples y contundentes sin entretenerse en controles innecesarios, por lo que mantenemos la eficacia de las Artes Marciales tradicionales que muchos han criticado y hemos comentado en esta investigación a favor de las MMA (McCurry y Grossman, 2007: 57-58; Hobart y Wolfe, 2008: 67-68; Acevedo y Cheung, 2011: 29-32).

En caso de un irremediable enfrentamiento, nunca se debe dar la espalda al enemigo, por lo que si nos rodean un grupo de adversarios, debemos actuar contundentemente para ponernos de cara a ellos y dejar nuestra espalda a salvo, sin la posibilidad de que nos ataquen desde atrás. Es en este momento cuando la mente se debe mantener fría y entera, sin dejarnos llevar por la ira, lo que nos permitirá anticiparnos al ataque del rival, distraerlo con engaños o estímulos previamente estudiados, y estar preparado para cualquier sorpresa. Nunca se debe encarar a un sujeto en una discusión, pues se reduce la distancia de seguridad y seremos blancos fáciles para algún golpe con su cabeza por lo general hacia nuestra nariz. Pero el hecho de saber algún Arte Marcial no le hace a uno invencible, y es frecuente que reciba golpes, por lo que con la práctica marcial se pretende aguantar el dolor, llegando algunas disciplinas a reforzar las partes del cuerpo más dolorosa mediante la práctica de golpeo en los propios nervios para anular el dolor o fortalecer la musculatura en ese lugar concreto (el Juko Kai que incorpora el Luckyjitsu para ello), como el caso de las espinillas o pecho. Lo cierto es que por mucha constitución física que se tenga, si recibimos un golpe en algún punto vital de la cabeza, seremos carne de cañón, por lo que en un combate cuerpo a cuerpo se debe dar el mínimo frente al enemigo, protegiéndose la barbilla o mandíbula al golpear. No se debe bajar la guardia en ningún momento, salvo para engañar al contrario, y la respiración es fundamental controlarla. Es en estos momentos donde actúan los principios beneficiosos de las Artes Marciales y las respuestas contra el miedo, pues puede que algunos de los golpes que recibamos o que demos en la defensa, produzca sangre y para ciertas personas suele ser un factor distractor. La observación del enemigo en el ataque debe ser concentrada pues podemos establecer el momento en el que va a iniciar su ataque mediante el ceño fruncido, labios y mandíbulas apretadas, gesticulación nerviosa, rostro pálido, constantes amenazas, gruñidos, frente a las características que también nos indican un posible no enfrentamiento como la boca abierta, cara roja, cejas levantadas, insultos, ojos abiertos o amenazas gesticulares, si bien la reacción en situaciones estresantes puede ser inesperada (Won Chul, 1977: 30; Oliva, 1991: 522-524; Oliva, Torres y Navarro, 2002: 401; Domingo, 2003: 16-17; González y Veleiro, 2004: 60-62; Mendoza, 2008: 191-194). Por lo tanto, un Arte Marcial puede ser considerada violenta si se utiliza con fines violentos.

9.- BIBLIOGRAFÍA

ACEVEDO, William y CHEUNG, Mei (2011): "Una visión histórica de las Artes Marciales mixtas en China", *Revista de Artes Marciales Asiáticas*, 6 (2), 29-44.

ALONSO-FERNÁNDEZ, Francisco (1974): *Psicología Médica y Social*. Madrid.

ALONSO PORRI, Eva (Tr.) (2007): *Bushido. The way of the samurái*. Badalona.

BAGNULO, Giancarlo (2004): *Lecciones de Ju Jitsu*. Barcelona.

BATTISTA, Eric y VIVES, Jean (1995): *1000 ejercicios de gimnasia básica*. Paris.

CERESA, Fabio (2000): *Lecciones de Aikido*. Barcelona.

CHOZA, Jacinto (2013): "Artes Marciales: la guerra y la identidad colectiva", *Thémata, Revista de Filosofía*, 48, 25-35.

CLEARY, Thomas (Tr.) (2006): *El arte de la guerra*. Madrid.

CORRAL ÍÑIGO, Antonio y PARDO DE LEÓN, Pilar (2005): *Psicología Evolutiva I, volumen 1: Introducción al desarrollo*. Madrid.

COSTA, Cosimo (2000): *Ju-Jitsu para todos: un método eficaz de defensa personal*. Madrid.

DESHIMARU, Taïsen (2002): *El Zen de Dogen*. Barcelona.

DODD, Simón y BROWN, David (2016): "Kata: the true essence of Budo martial arts?", *Revista de Artes Marciales Asiáticas*, 11 (1), 32-47.

DOMINGO, Jesús (Ed.) (2003): *El Arte Marcial coreano de defensa personal. Hapkido: técnicas básicas.* Madrid.

DWYER, Bede y MOSHTAGH KHORASANI, Manouchehr (2013): "An analysis of a persian archery manuscript written by Kapur Cand", *Revista de Artes Marciales Asiáticas,* 8 (1), 1-12.

ESPARTERO, Julián; VILLAMÓN, Miguel y GONZÁLEZ, Renè (2011): "Artes marciales japonesas: prácticas corporales representativas de su identidad cultural", *Movimiento, Porto Alegre,* 17 (3), 39-55.

FERREIRA MARINHO, Bruno; BOSCOLO DEL VECCHIO, Fabrício y FRANCHINI, Emerson (2011): "Condición física y perfil antropométrico de atletas de Artes Marciales mixtas", *Revista de Artes Marciales Asiáticas,* 6 (2), 7-18.

FILIPIAK, Kai (2010): "De guerreros a deportistas: cómo se adaptaron las Artes Marciales chinas a la modernidad", *Revista de Artes Marciales Asiáticas,* 5 (1), 19-40.

FRANCO SERRANO, Emilio (2009): "Génesis del Karate (II)", *Revista Digital Buenos Aires*, 14 (139), 1-27 (http://www.efdeportes.com).

GALÁN SÁNCHEZ, Manuel (1998): *Fu-Jitsu, método superior de defensa personal.* Madrid.

GARCÍA MADRUGA, Juan Antonio y MORENO RÍOS, Sergio (2003): *Conceptos fundamentales de Psicología. Psicología y Educación.* Madrid.

GARCÍA ROMERO, Fernando (2015): "Deporte y educación en la Grecia Clásica", *Materiales para la Historia del Deporte,* suplemento especial 2, 17-36.

GHETTI, Roberto (2000): *Lecciones de Judo.* Barcelona.

GONZÁLEZ GUTIÉRREZ, Jesús y VELEIRO VIDAL, Juan Carlos (2004): *Defensa Personal en la Guardia Civil.* Madrid.

HANE, Mikiso (2011): *Breve historia de Japón.* Madrid.

HERNÁEZ, Roland (2017): *Nihon Tai Jitsu: initiatio. Techniques fondamentales.* Noisy Sur Ecole.

— (2010): *La forcé milenaire. Du Ju-Jitsu traditionnel au Nihon Tai-Jitsu moderne.* Noisy Sur Ecole.

— (2006): *Le Nihon Taï Jutsu (Ju.Jutsu): Méthode complète de self-defense.* París.

— (1995): *El Tai-Jitsu moderno. Kihon-Waza.* Paris.

HOBART, Peter y WOLFE, Robert (2008): "El desvío: una herramienta esencial en el combate libre", *Revista de Artes Marciales Asiáticas*, 3 (4), 66-79.

JERIMIAH, Ken (2007): "El ascetismo y la búsqueda de la muerte por Guerreros y Monjes", *Revista de Artes Marciales Asiáticas*, 2 (3), 46-61.

LEAHEY, Tomas Hardy (2005): *Historia de la Psicología, 6ª Edición.* Madrid.

LÓPEZ LÓPEZ, Pedro (1994): "Aplicación de la metodología bibliométrica a un tema especializado: Psicología y Artes Marciales", *Revista General de Información y Documentación*, 4 (2), 41-61.

MARTÍNEZ GUIRAO, Javier Eloy (2011): "Una aproximación antropológica al cuerpo como arma en las Artes Marciales", *Revista de Antropología Experimental*, 11, 113-125.

McCURRY John y GROSSMAN, Eliot Lee (2007): "Los diez errores principales de los artistas marciales al defender de un arma blanca", *Revista de Artes Marciales Asiáticas*, 2 (1), 56-73.

MENDOZA ÁLVAREZ, José David (2014): *Luckyjitsu: método armonizado de Defensa Personal (Nuevo estilo de Nihon Tai Jitsu). CHArq, Ciencia, Historia, Arqueología, 3.* Morrisville, Carolina del Norte, EEUU.

— (2013): *Decálogo Luckyjitsu.* Morrisville, Carolina del Norte, EEUU.

— (2009): *Katas, con y sin armas.* Morrisville, Carolina del Norte, EEUU.

— (2008): *Historia y filosofía orientales a través de las Artes Marciales. Nihón Tai Jitsu.* Sevilla.

— (2007): *Artes Marciales: Teorías, Métodos y Prácticas.* Morrisville, Carolina del Norte, EEUU.

MENÉNDEZ SANTURIO, José Ignacio (2017): "Las Artes Marciales y deportes de combate en educación física. Una mirada hacia el Kickboxing educativo", *Revista digital de Educación Física*, 8 (48), 108-119.

NELSON, Arnold G. y KOKKONEN, Jouko (2009): Anatomía de los estiramientos. Madrid.

OLIVA SEBA, Antonio (Dir.) (1991): *Artes Marciales*. Madrid.

OLIVA SEBA, Antonio., TORRES BAENA, Fernando y NAVARRO MOUCHET, Jesús (2002): *Combate Supremo*. Tarragona.

ORY, Mar y ORV Jean Baptiste (1995): *Diccionario de las Artes Marciales*. Buenos Aires.

PFLÜGER, Albrecht. (2000): *25 Shotokan Katas*. Barcelona.

PLANELLAS I VIDAL, Pau-Ramón (1987): *El Tai Jitsu. Método Superior de Defensa Personal: las ocho llaves fundamentales de atemi*. Barcelona.

PRIEST, Grahan y YOUNG, Damon (2010): *Martial arts and philosophy: beating and nothingness.* Chicago, EEUU.

RÍOS, CARMELO H. (1996): *El espíritu de las Artes Marciales.* Barcelona.

RODRÍGUEZ DABAUZA, Pedro (2008): *Jiu Jitsu de hoy: técnica de defensa personal del samurái de ayer. Grados Superiores. Volumen 2.* Barcelona.

— (2000): *Jiu-Jitsu de hoy. Volumen 1. Técnica de defensa personal del samurái de ayer.* Barcelona.

— (1995): *Ju-Jitsu. El método progresivo de defensa personal actualizado, volumen II.* Barcelona.

SÁNCHEZ DE MADARIAGA, Elena (2004): *Conceptos fundamentales de Historia. Historia y Geografía.* Madrid.

SANTOS NALDA, José (2006): *Enciclopedia del Aikido. Tomo VI.* Barcelona.

— (2003): *Encicopedia del Aikido. Tomo IV.* Barcelona.

— (2000): *Enciclopedia del Aikido. Tomo V.* Barcelona.

SIMPKINS, C. Alexander y SIMPKINS, Annellem M. (2007): "El Confucianismo y las tradiciones marciales asiáticas", *Revista de Artes Marciales Asiáticas*, 2 (2), 46-53.

STEVENS, John (1995): *I maestri del budo: M. Ueshiba, G. Funakoshi, J. Kano.* Tokyo, Japón.

THIEBAUT, Carlos (2004): *Conceptos fundamentales de Filosofía. Filosofía y Pensamiento.* Madrid.

VAN RILLAER, Jacques (2000): Miedos, Angustias y Fobias. Madrid.

WON CHUL, Choi (1977): *Tae Kwon-Do. Nuevos Pumse. Federación Mundial de Tae Kwon-Do.* Barcelona.

ZAMORA SALAS, Juan Diego y SALAZAR ROJAS, Walter (2002): "Efecto del grito como un recurso ergogénico psicológico en practicantes de Kung Fu",

Revista de Ciencias del Ejercicio y la Salud, 2 (2), 32-37.

ZAMORA SALAS, Juan Diego (2004): "Efecto de la tensión, ansiedad y relajación con respecto al rendimiento cognitivo en deportistas", *Cuadernos de Psicología del Deporte*, 4 (1 y 2), 91-100.

10.- WEBGRAFÍA:

http://amberesvista.com/gichin-funakoshi-y-los-origenes-del-Karate-moderno/ (sobre Ginchin Funakoshi y el Karate, consultado el 13 de julio de 2019).

http://feamsuska.blogspot.com (blog consultado el 11 de agosto de 2019, de la extinta web de la FEAM, que resumen el origen de la Federación Española de Artes Marciales (FEAM) y su relación con la federación norteamericana SUSKA (United States Karate Association) hecho que provocó el cierre de la web oficial por no poder existir en un mismo país dos asociaciones con el mismo nombre).

http://fushihkenpo.blogspot.com (blog consultado el 11 de agosto de 2019, del fundador del Fu Shi Kenpo, Raúl Gutiérrez López, director de la Federación Española de Artes Marciales-FEAM SUSKA en 2012 que reconoció el estilo Luckyjtisu del autor).

http://hkbujutsu.com/nihontaijitsu/ (sobre el origen del Tai Jitsu moderno, consultado el 16 de julio de 2019).

http://raulgutierrezkenpo.blogspot.com/ (blog consultado el 13 de septiembre de 2019, del maestro honoris causa en las Artes Marciales y Disciplinas de combate e intervención policial Raúl Gutiérrez López, presidente de la FEAM que reconoció el Luckyjitsu como nuevo estilo de Nihon Tai Jitsu).

http://www.aikikaidethones.fr/take/takedaSpa.ht ml (sobre Sokaku Takeda, consultado el 15 de julio de 2019).

http://www.aikido-vittorioveneto.it/?page_id=69-Daito-ryu/Moriei%20Ueshiba/ (sobre Moriei Ueshiba, consultado el 17 de julio de 2019).

http://www.los3dragones.com/biografias/ginchin_funakoshi.php (sobre Ginchin Funakoshi, consultado el 13 de julio de 2019).

http://www.deamydc.es/ (web sobre la Federación Española de Artes Marciales y Disciplinas Asociadas, consultada el 13 de septiembre de 2019).

http://www.forodeseguridad.com/artic/miscel/6065.htm (web sobre el Kraw Maga, consultado el 15 de septiembre de 2019).

https://es.wikipedia.org/wiki/Sokaku_Takeda (sobre Sokaku Takeda y su tiempo, consultado el 15 de julio de 2019).

https//fullcontact.fandom.com/es/wiki/Daito_Ryu (sobre Sokaku Takeda, Moriei Ueshiba, Jigoro Kano y Ginhin Funakoshi, consultado el 16 de julio de 2019).

https//luckyjitsu.es.tl (sobre el Luckyjitsu, principios fundamentales y decálogo; web vigente del autor, reconocido por la Federación Española de Artes Marciales cuya web ha sido cerrada por competencias de denominaciones de nombres similares para las asociaciones y federaciones de un mismo país).

https://www.aikido.es/biografia-de-osensei-morihei-ueshiba/sokaku-takeda-y-la-daito-ryu (sobre Sokaku Takeda, consultado el 15 de julio de 2019).

https://www.fedamc.es/ (web sobre la Federación Española de Artes Marciales Coreanas y Disciplinas Asociadas, consultada el 13 de septiembre de 2019).

https://www.titanchannel.com/la-increible-historia-de-la-familia-gracie-y-el-nacimiento-del-jiu-jitsu-brasileno/ (web sobre la historia de la familia Gracie, consultada el 15 de septiembre de 2019).

11.- ANEXOS FOTOGRÁFICOS:

DEFENSAS BÁSICAS:

Defensas básicas.

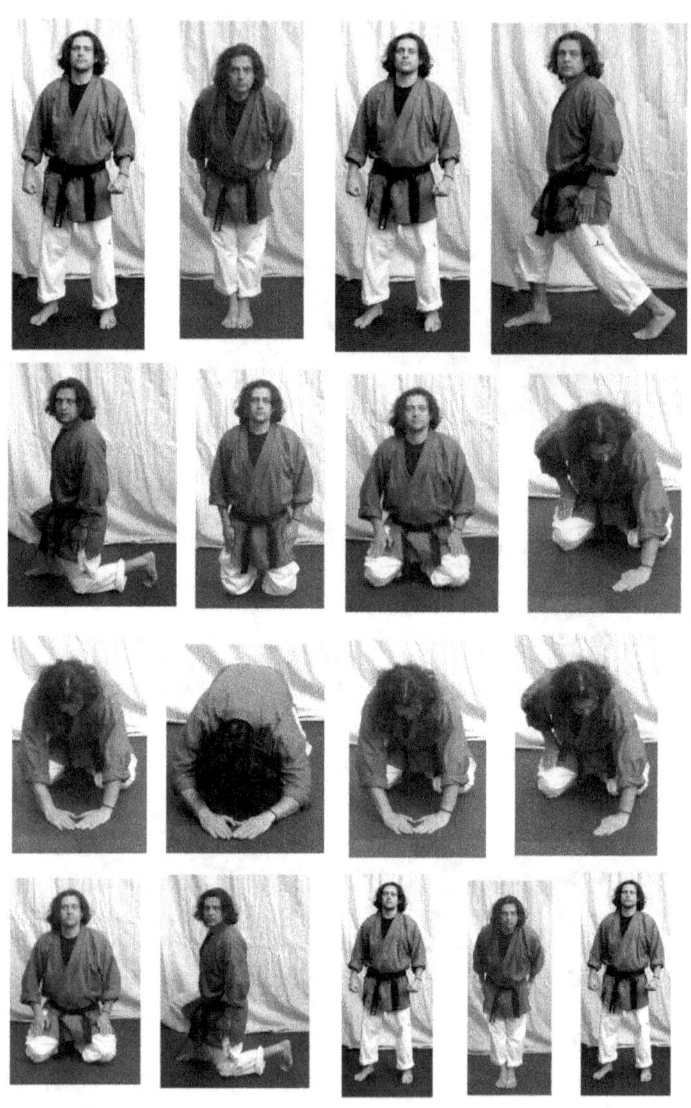

Saludo ritual en pie y en suelo.

Randori o combate libre conocido hoy día como Artes Marciales Mixtas, que incorpora el Luckyjitsu en sus entrenamientos.

Defensa femenina en suelo.

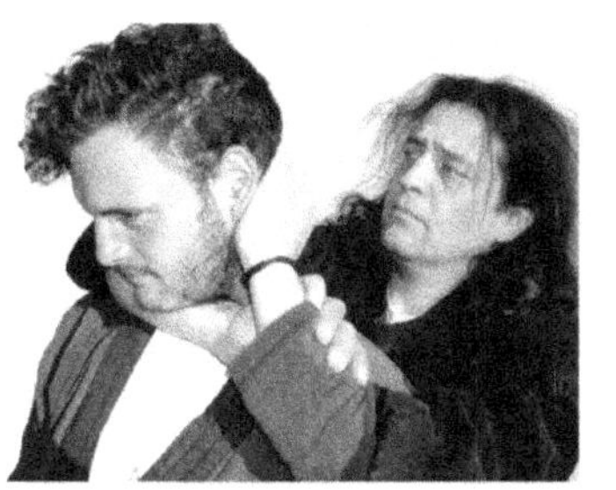

Tipos de estrangulamientos en Luckyjitsu.

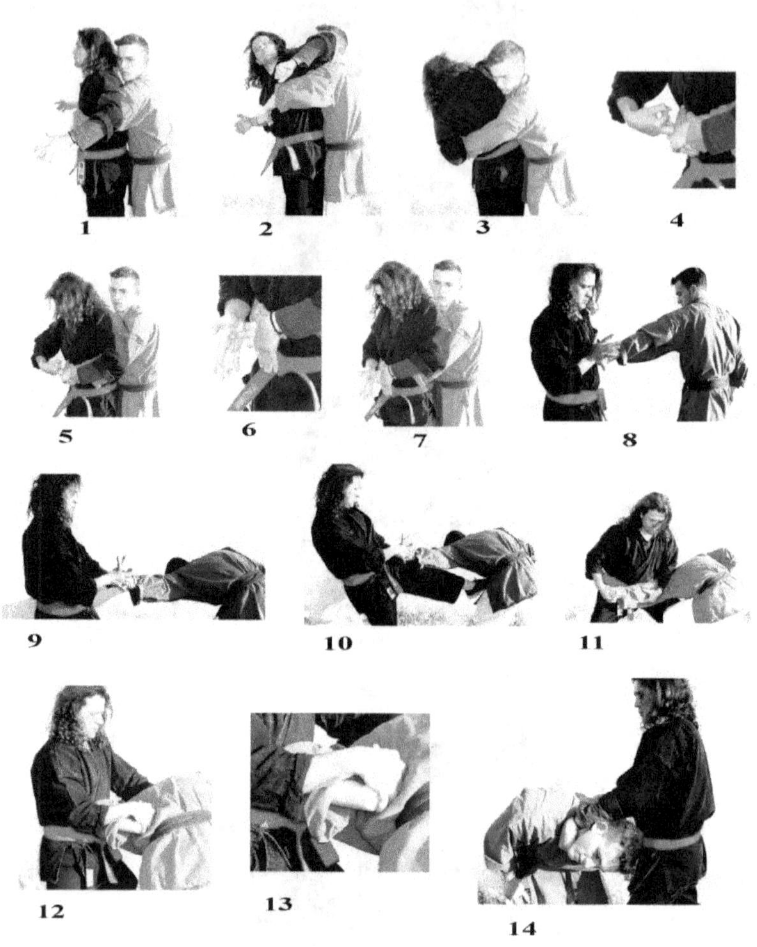

Ejemplo de defensa técnica frente a un agarre posterior por debajo de los brazos.

Defensas frente a distintos tipos de ataques con armas, en el Nihon Tai Jitsu.

Defensa frente a un ataque desde atrás con cuchillo, en el Luckyjitsu.

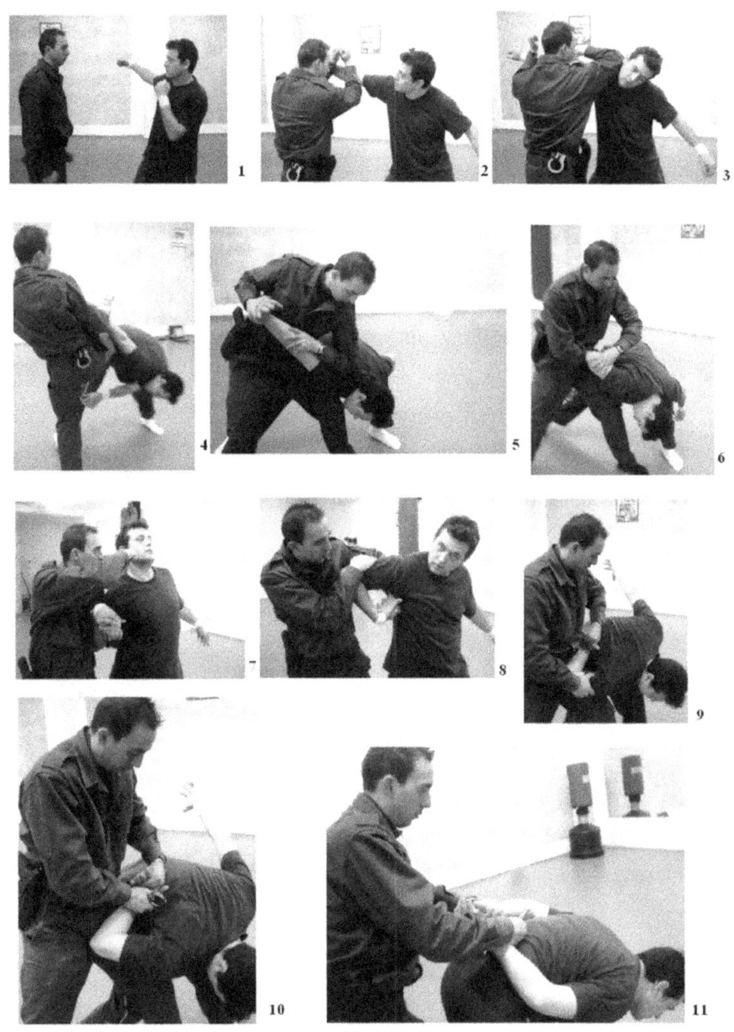

Defensa policial que incorpora el Luckyjitsu.

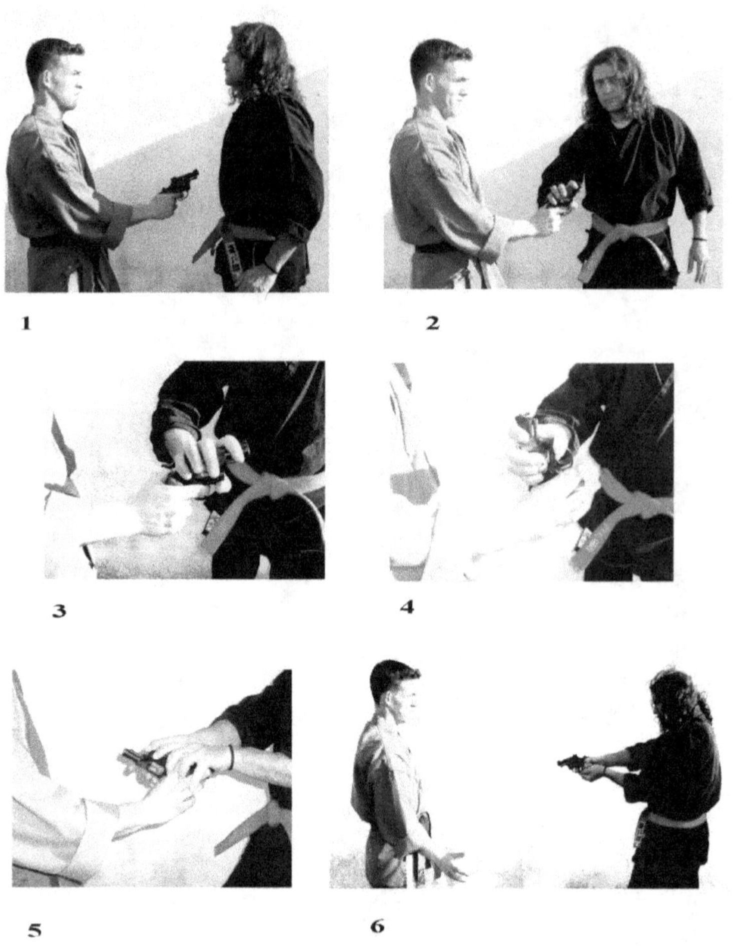

Defensa frente intimidación con arma de fuego, en el Luckyjitsu.

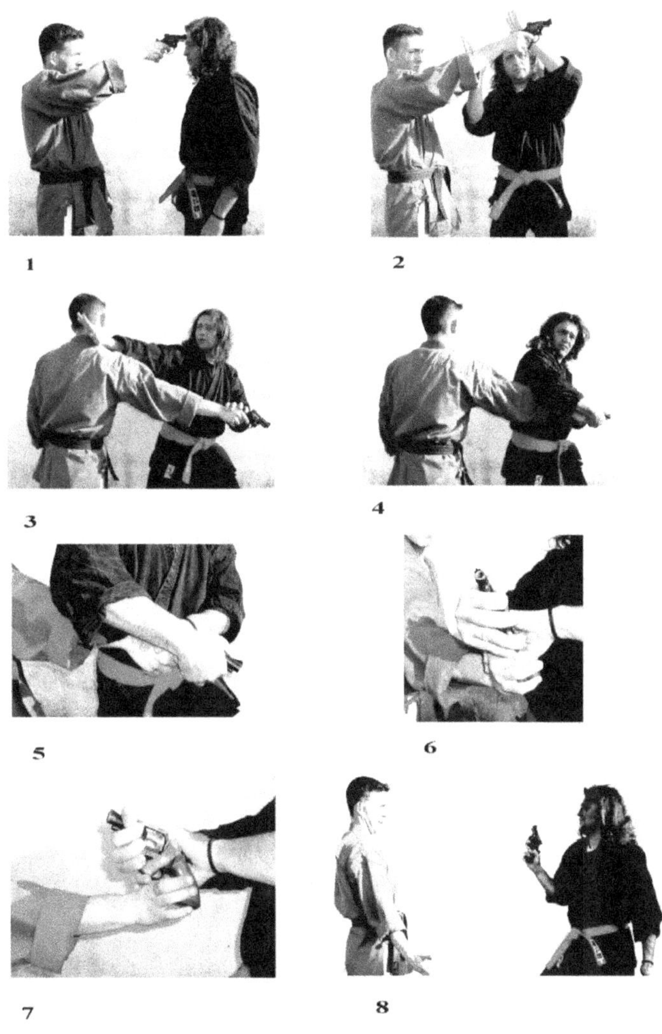

Nueva demostración de técnica de desarme en Luckyjitsu.

NORMAS DE PUBLICACIÓN CHArq

Nueva colección monográficas realizada por David Mendoza, sin ánimo de lucro, para temas concernientes a la Historia, Arqueología y otras ciencias relacionadas (en este caso se encuadra la novedosa ciencia de las Artes Marciales de la mano de su creada disciplina denominada Luckyjitsu). Los títulos existentes y publicados en la web: http://www.lulu.com son los siguientes:

CHArq nº 1: *Cuestiones en torno a la ubicación de la ciudad romana de Salpensa, cerro el Casar, Utrera (Sevilla).*

CHArq nº 2: *Epigrafía.*

CHArq nº 3: *Luckyjitsu: Método armonizado de defensa personal (nuevo estilo de Nihon Tai Jitsu).*

CHArq nº 4: *Cándido María Trigueros y algunos epígrafes carmonenses.*

CHArq nº 5: *¿Un anfiteatro en Caesaraugusta? Argumentaciones sobre ello.*

CHArq nº 6: *Utrera: Gestión y musealización de una ciudad histórica.*

CHArq nº 7: *Itálica: Benemerita Cunae, vol. I.*

CHArq nº 8: *Itálica: Benemerita Cunae, vol. II.*

CHArq nº 9: *Nuevas aportaciones para Utrera, Carmona y Barletta.*

CHArq nº 10: *Algunas pinceladas sobre el Carambolo.*

CHArq nº 11: *Arquitectura funeraria en Corduba y en sus vías sepulcrales.*

CHArq nº 12: *Acercamiento a los conjuntos termales.*

I.- NORMAS DE PUBLICACIÓN:

Ante el éxito de la presente línea de colección, gracias a críticas positivas sobre el primer número, se indicará algunas cuestiones básicas para la colaboración de todo aquél que quiera difundir sus investigaciones, teniendo en cuenta las siguientes directrices:

CHARQ es marca registrada. Los temas admitidos estarán relacionados con la Arqueología, Historia, Arte, Geografía, Antropología, Filología, Filosofía, Topografía y las Nuevas Tecnologías relacionadas con las últimas tendencias en investigación sobre la temática anteriormente expuesta, así como las Ciencias afines. Para los casos que el artículo presentado se salga de la línea de publicación referida, la organización decidirá si se habrá de publicar o no, notificando al autor o autores su decisión.

Cada autor será responsable del contenido de sus artículos, teniendo además la responsabilidad de Registrar sus obras así como para el caso de incluir ilustraciones que no sean de sus autorías, la petición de los permisos necesarios para ello. La revista no se hará responsable de Litigios ni de otras cuestiones legales, recayendo la responsabilidad sobre el autor (por ello se recalca que cada autor deberá Registrar sus obras previamente para evitar malentendidos innecesarios).

Los trabajos se deberán remitir única y exclusivamente por correo electrónico (luckyman76@hotmail.com) en formato WORD. La organización se pondrá en contacto con aquél autor o autores que aporten su material, para informarles del proceso de publicación, plazos y otras cuestiones, así como los cambios que deberá realizar si fuese necesario.

En el email enviado con el artículo adjunto, el autor o autores deberán indicar sus datos personales (nombre, apellidos, correo electrónico, teléfono e institución a la que perteneciese en su caso) con el fin de realizar una estadística sobre los colaboradores de esta nueva colección científica. Los datos personales se manipularán conforme a la Ley vigente y no podrán ser usados para otros fines que no sea la divulgación del material investigado.

Se aceptarán obras en cualquier idioma (preferiblemente en Castellano, Italiano e Inglés).

La publicación en CHARQ no dará derecho a remuneración económica alguna. La monografía saldrá a la venta con el fin de financiarse única y exclusivamente para los siguientes números. Cada autor recibirá una copia en PDF del número de la revista en la que haya aportado algún material (se podrá extender certificado de colaboración en las monografías para los autores que así lo soliciten).

Para facilitar el proceso de maquetación, el autor o autores, deberán presentar su texto según las siguientes indicaciones:

—Título en letra tipo BOOK ANTIQUA 16. Centrado respecto al texto, en Mayúsculas y Negrita.

—Título en Inglés en letra tipo BOOK ANTIQUA 11. Centrado respecto al texto, en Mayúscula y Cursiva.

—Autor o Autores, en letra tipo BOOK ANTIQUA 11. Centrado respecto al texto, en Minúscula y Negrita.

—En el mismo tipo de letra irá el Resumen en castellano, Resumen en Inglés –*Abstract*– (en cursiva), Palabras Claves en castellano y Palabras Claves en Inglés –*Keyword*– (en cursiva): BOOK ANTIQUA 11.

—El cuerpo del texto irá de la misma forma en BOOK ANTIQUA 11, con las siguientes excepciones:

—Interlineado 1,5.

—Se limitará el uso de letra en Negrita (para apartados y subapartados).

—No se pondrá ningún tipo de sangría en la primera línea.

—El texto estará ajustado por ambos extremos.

—Las Notas al Pie de Página irán en letra tipo TIMES NEW ROMAN 8 con interlineado sencillo.

—Los Pies de cada figura irán en letra tipo TIMES NEW ROMAN 9.

—Los márgenes irán todos a 2,5 cm.

—La Bibliografía irá en letra tipo BOOKMAN OLD STYLE 9 con interlineado sencillo.

—Las palabras en latín o en lengua extranjera irán siempre en letra cursiva.

—No se indicará número de páginas pues ello facilitará la maquetación.

—Las páginas de cada artículo presentado oscilarán entre 10 mínimas y 20 máximas.

Se utilizará el sistema de citas *Harvard*, preferiblemente siguiendo las indicaciones siguientes:

—En apartado al final del texto se indicará la bibliografía de la siguiente manera:

1 Autor:

APELLIDOS, Iniciales del Nombre (AÑO): "Título del artículo entre comillas", Revista en cursiva y número de la misma sin "Nº", páginas sin "pag., p., pp.".

APELLIDOS, Iniciales del Nombre (AÑO): Título del libro en cursiva. Lugar de publicación.

2 o 3 autores (igual, separados de coma y con nexo "y"):

APELLIDOS, Iniciales del Nombre, APELLIDOS, Iniciales del Nombre y APELLIDOS, Iniciales del Nombre (AÑO): "Título del artículo entre comillas", Revista en cursiva y número de la misma sin "Nº", páginas sin "pag., p., pp.".

APELLIDOS, Iniciales del Nombre, APELLIDOS, Iniciales del Nombre y APELLIDOS, Iniciales del Nombre (AÑO): Título del libro en cursiva. Lugar de publicación.

3 autores o más (se indicará el autor que figure en primer lugar y posteriormente se pondrá la fórmula abreviada y en cursiva *et alii*):

APELLIDOS, Iniciales del Nombre *et alii* (AÑO): "Título del artículo entre comillas", Revista en cursiva y número de la misma sin "Nº", páginas sin "pag., p., pp.".

APELLIDOS, Iniciales del Nombre *et alii* (AÑO): Título del libro en cursiva. Lugar de publicación.

Coordinación de obras:

APELLIDOS, Iniciales del Nombre y APELLIDOS, Iniciales del Nombre (Coords.) (AÑO): Título de la obra en cursiva. Lugar de publicación.

APELLIDOS, Iniciales del Nombre, APELLIDOS, Iniciales del Nombre y APELLIDOS, Iniciales del Nombre (AÑO): "Título del artículo" en APELLIDOS, Iniciales del Nombre (Coord): Título de la obra en cursiva. Lugar de Publicación. Páginas sin "pag., p., pp.".

Citas en el texto: Entre paréntesis se indicará el Apellido, Año y página según el siguiente formato:

(APELLIDO, AÑO: página)

Si un autor publica más de una obra en un mismo año, se distinguirá señalando junto al año, "a", "b", "c", etc.:

APELLIDOS, Iniciales del Nombre (AÑOa): "Título del artículo entre comillas", Revista en cursiva y número de la misma sin "Nº", páginas sin "pag.".

APELLIDOS, Iniciales del Nombre (AÑOb): "Título del artículo entre comillas", Revista en cursiva y número de la misma sin "Nº", páginas sin "pag.".

La redacción de la revista podrá indicar los cambios que cada autor deberá realizar, bien respecto al contenido del texto, bien en lo que refiere a la forma de citar, teniendo un plazo de 7 días el autor para subsanar errores y devolver el artículo corregido según las indicaciones.

In memoriam. Siempre en mi corazón. Maestro de maestros.

Daniel Mendoza Álvarez, un ángel que desde el cielo me guía.